南水北调中线工程重要考古发现

河北卷

张文瑞　编著

文物出版社

图书在版编目（CIP）数据

南水北调中线工程重要考古发现．河北卷／张文瑞
编著．—北京：文物出版社，2022.12
ISBN 978 - 7 - 5010 - 6259 - 1

Ⅰ.①南…　Ⅱ.①张…　Ⅲ.①南水北调 – 水利工程 –
考古发现 – 河北　Ⅳ.①K872.22

中国版本图书馆 CIP 数据核字（2019）第 192234 号

南水北调中线工程重要考古发现·河北卷

编　　著：张文瑞

责任编辑：李　睿
封面设计：程星涛
责任印制：张　丽

出版发行：文物出版社
地　　址：北京市东城区东直门内北小街 2 号楼
邮　　编：100007
网　　址：http：//www.wenwu.com
经　　销：新华书店
印　　刷：北京墨阁印刷有限公司
开　　本：889mm×1194mm　1/16
印　　张：22
版　　次：2022 年 12 月第 1 版
印　　次：2022 年 12 月第 1 次印刷
书　　号：ISBN 978 - 7 - 5010 - 6259 - 1
定　　价：380.00 元

序

张文瑞所长编著的《南水北调中线工程重要考古发现·河北卷》一书，所长邀我为序，觉得应向业内外介绍工程中的考古成果，慨然应承了。该书在规划的 88 个项目（实际完成 100 项）中，选取了 52 项遗址的考古成果。在介绍每处遗址的文字中，有多幅插图，图文并茂，使读者一目了然。在正式发掘报告尚未全部出版的情况下，研究者可以参考，广大读者也可以了解其概貌，这无疑是一件有意义的好事。

一

河北省位于华北平原，西有太行山脉，北有燕山山脉。河流主要属海河水系。该省资源丰富，物产多样，经济发达，历史悠久，环绕首都北京市和天津市。是我国的经济大省，文化大省，也是文物大省。地面、地下蕴藏丰富的文物。一百年来，自近代考古学传入中国，即开始开展考古工作，特别是 1949 年以后，考古学取得了多项重要成果。如阳原泥河湾遗址群，发现距今百万年以来的旧石器遗址至新石器文化早期遗址，从旧石器文化发展的早、中、晚三期，至新石器文化延绵不断，是我国考古学的宝库。上世纪70 年代，在武安发现早于仰韶文化，距今 7、8 千年的磁山遗址，即著名的磁山文化，是新石器考古的突破。迁安有距今 8 千年的兴隆洼文化遗址。其后，又在徐水南莊头遗址发现近万年的新石器时代文化及其后的北福地遗址。河北省的仰韶文化，可分为后岗型和大司空类型，有密集的分布。先商时期有磁县下七垣遗址，可称为下七垣文化。商代遗址在邢台、石家庄有广泛分布。西周时召公封于燕，西周文化也有广泛分布。战国时期是燕、赵两国的中心地区，位于邯郸的赵王城、赵王陵，位于易县的燕下都。还有中山国的都城和陵墓区。汉代有著名的中山王刘胜墓及其墓群。临漳邺城遗址是六朝故都，在中国都城史上占有重要的地位，其西郊有曹魏的墓区，其西北郊是东魏北齐的陵墓区，以及响堂山石窟。宋代有西京大名府遗址，唐宋元时期有邢窑、定窑、磁州窑等著名窑址。从上简述，可知河北省是我国文化文物大省，蕴涵丰富多彩的历史文化和文物。因此在南水北调水工程中，尤要保护好文物。

二

南水北调工程是我国继长江三峡水利枢纽工程之后，又一项大型水利工程。它是一项合理配置大江大河水资源，缓解北方地区水资源严重匮乏的惠民工程。工程设计分为三条输水线路即东线、中线、西线。先行开工建设的是东线和中线工程。西线工程由于工程复杂，尚处于设计研究阶段。东线工程由长江下游抽水，主要是利用京杭大运河输水，或利用与其平行的河道输水。经江苏、山东向北方地区输水。中线工程是由水源、输水、引江济汉三项工程组成。水源地是上世纪70年代建成的丹江水库，经加高大坝，扩容蓄水，该水库水质良好，是优质的水源地。淹没区涉及湖北、河南两省五县市区，移民40万人。输水工程即输水总干渠，从丹江水库北上，渠线跨越长江、淮河、黄河、海河四大流域，经河南、河北至北京、天津。引江济汉工程是为弥补汉水水量不足，从长江上荆江河段输水至汉江兴隆段，经江汉平原腹地。由水利部负责前期规划工作，后成立国务院南水北调工程建设委员会总负其责。2002年12月27日以江苏省三阳河、潼河工程开工挖掘，标志着南水北调工程东、中线工程正式启动开工。东线工程已于2013年完工输水，中线工程已于2014年完工输水。沿渠线民众和北京、天津众民已喝上丹江水库的优质水。南水北调河北段，属于中线工程。渠线自河南安阳县安乐镇穿漳河进入河北省，经邯郸市、邢台市、石家庄市、保定市，从涿州穿拒马河进入北京市区，全长463公里。从徐水县引水至保定市、廊坊市向东进入天津市，全长130公里，是为天津干渠。其间，为缓解北京地区水资源紧张，2008年由石家庄、保定市至北京的输水干渠提前贯通，由河北省先向北京供水。

南水北调工程中文物保护工作是工程的重要组成部分，也随即开始启动。从2002年开始，以省、市（直辖市）为单位，开始库区及渠线区的文物勘探及局部发掘，并收集相关的资料，形成基础资料，并逐项价值评估，在此基础上，形成初步规划，东线由淮河水利委员会汇总，中线由长江水利委员会汇总，同时水利部成立文物保护前期工作专家组，负责指导规划工作。最后由水利部水利水电规划设计总院形成总规划（即可研报告）。经专家论证，报国务院审批。为此，2003年6月国家文物局和水利部联合发布《关于南水北调东、中线工程文物保护的通知》。2003 年 11 月国家文物局发布《关于进一步做好南水北调文物保护工作的通知》，要求各省市做好工程中的文物保护工作。2005 年国家文物局在郑州召开"全国支援南水北调工程文物保护工作动员大会"，动员组织全国力量参加南水北调工程文物保护工作，全国各研究院、所和高等院校 60 余家单位参加。参加人员战严寒，斗酷暑，争分夺秒投入文物保护工作。保质保量完成了工作任务，为国家建设贡献了力量。

南水北调文物保护工作，最终确定 647 个项目，其中地下文物项目 600 项，地面文物项目 47 项。勘探面积 1575 万平方米，发掘面积 169 万平方米。

与三峡工程不同，三峡工程除迁建区外，主要是水库淹没区。而南水北调工程除丹江水库淹没区和运河码头、水闸等有少量地面文物保护项目外，主要是地下文物保护项目。在总干渠设计上，为了保护文物避开了地面文物，地下文物项目重要的也尽量避开，实在避不开的也要优化渠线。例如河北省易县、徐水的燕长城遗址、磁县北朝墓群等。由于文物保护项目须先行，在保护规划（可研报告）未批复的情况下，采取特别措施，特批了两批控制性项目，用于重点项目。第一批 45 项，第二批 171 项共 216 项。2008 年又审批了丹江水库 60 项，至 2009 年 8 月审批了全部文物保护项目。

南水北调河北段文物保护工作与各省市同时启动。其工作量在五省两市中，仅次于河南省，位居第二。省委省政府十分重视，成立了领导小组及其办公室，组织领导文物保护工作，同时成立专家组在工作上予以指导。并于 2005 年 7 月 30 日，在北戴河召开全省南水北调工程文物保护工作会，孙士彬副省长、国家文物局张柏副局长、中线工程局黄荣副局长和相关专家等分别讲话。同时在三峡工程文物保护经验的基础上，制订了各项规章制度如项目法人制、项目合同制、领队负责制、工程监理制、评审验收制等，对文物保护项目经费的管理、领队责任、发掘工地的验收、文物安全、文物交接、资料档案管理等都有一套严格的管理制度。同时要求渠线范围内的墓葬全部发掘清理，避免文物流失，不给犯罪分子造成可乘之机。工程文保办公室组织沿渠线勘查和局部发掘，2002 至 2003 年即发现遗址 150 处，经梳理后立项发掘项目 88 项。最后超额完成至 100 项。发掘面积 27 万平方米，勘探面积和发掘面积均超额提前完成。参加工作的有省内和国内研究机构、大学 33 家，由于 33 家单位的通力合作，每个团队艰苦奋战而超额完成任务，保证干渠按时输水，并取得了重大成果。2010 年 3 月 22 日—25 日，召开了田野工作总结大会，有 24 个团队进行了工作汇报，国家文物局、省文物局领导和相关专家用均做了讲话。现按时代先后，将文物保护成果，简述之。

三

南水北调河北段干渠，在河北省中南部几百公里的大地上，挖了百米宽的大沟（考古学称探沟，不过这探沟实在大）。在渠线施工之前，考古工作者在大沟的地面上清理发掘各类遗址，包括从新石器文化、先商、商、西周、春秋战国、秦、两汉、魏晋、北朝、隋唐、宋辽金元至明清各时代的遗址，是河北中、南部的一部灿烂的实物历史。每处遗址都有从早期到晚期的遗存，但各自的重点不同，在这篇短文中只能点到一些遗址的重点之处。在渠线内遗址清理发掘之后，才正式施工，几十架挖掘机同时挖掘，场面蔚为壮观。

新石器文化 仰韶文化后岗类型（后岗一期文化）距今约 7000 年，在冀南、冀中地区有广泛分布，其中容城北城村遗址，是一处重要居住遗址，发掘房址 15 座，窖穴 82 处，在冀南磁县一带分布更为密集。其后是仰韶文化大司空类型，如临城补要村遗址。有意思的是在新乐何家庄遗址见到仰韶文化庙底沟类型的踪迹，可见庙底沟类型影响之大。涞水大赤土遗址为新发现的新石器文化。龙山文化（后岗二期文化）在冀南也有分布。

先商文化 有突破性进展，在新乐赞皇、临城、邯郸、磁县均有发现，重要的是磁县南城村遗址有居住址和墓地，内涵丰富，保存完整，发掘墓葬 78 座。临城补要村遗址先商文化，也很丰富。在渠线之外的居住址和墓地今后须进一步工作，必将有更大的收获。商文化的起源，向为学术界关注，从考古实践来看豫北、冀南地区是商文化起源的重要地区。张光直先生主张商起源于商丘，文献记载多，经中美联合考古，由于该地区为黄泛区，尚未找到相关遗迹。过去冀中地区考古工作薄弱。这次唐县北放水遗址的发掘很重要，应属先周时期，文化特征有其特点，与下七垣文化不同，尽管与其文化性质相同的唐县淑闾遗址有似夏家店下层文化的筒形鬲，仍应是一种新的考古学文化，或可称北放水文化。

商和西周时期 易县七里庄是新发现的一处重要遗址，应是召公封燕前的土著文化，或与先燕文化有关。磁县南营村遗址有早商——晚商时期的遗存。邢台后北留庄遗址、永年邓底遗址、邯郸薛庄遗址，都有丰富的晚商遗存，后北留庄遗址发现的四头黄牛的祭祀坑有其特点。唐县南放水遗址是一处丰富的西周遗址，发掘窖穴 113 座，墓葬 13 座。

春秋战国至秦汉时期 燕长城保存较好，渠线难以逾越，只能选择保存差的地段穿过。同时通过发掘也可了解其结构。易县燕长城有基槽，存高 4—5 米，夯筑。徐水燕长城墙基宽 8—9 米，夯筑，东黑山遗址存有燕长城的军事城堡。战国时期北有燕国，南有赵国，中间有中山国，渠线经过之处，发掘最多的这一时期和两汉时期墓葬，反映了这一期社会经济繁荣，人口众多。为研究当时丧葬礼俗、社会经济生活提供了丰富资料。战国时期的墓葬有邯郸林村墓群、元氏南白楼墓群、唐县高昌墓群、内丘张夺墓群、磁县营南墓群等。以林村墓群最为重要，位于赵国都城郊区，发掘战国墓葬50座，车马坑一座，墓区有围墓沟，以区别墓葬等级。渠线外的墓葬应做好保护工作。张夺墓群由战国一直延续到秦汉，其屈肢葬应是受秦文化的影响。磁县南营墓地由战国延续到两汉时期。涞水西水北遗址发掘陶窑4座，窖穴223座，应是燕下都附近的制陶作坊。唐县都亭遗址发掘西汉窑场，主要生产板瓦、筒瓦（瓦当）等建筑材料。两汉墓葬发掘最多，有唐县高昌墓群，满城荆山墓群，正定吴兴墓群、元氏南程墓群等，如正定吴兴墓群发掘198座，元氏南程墓群发掘126座。同时发掘有汉代居住址如唐县南放水汉代遗址和南故城汉代遗址、元氏故城遗址、临城张家台西汉居住址、徐水东黑山两汉居住址等，这批汉代遗址和墓葬对了解当时社会经济生活和丧葬习俗研究提供了不可多得的资料。

北朝墓群 赞皇西高李氏家族墓地，渠线内有9座，有砖室墓和土洞墓两种，保存较完好。4座未盗掘。其中有北魏承熙三年（公元534年）迁葬，应是北魏分为东、西魏时迁葬的。这批墓葬反映了北朝大族埋葬的状况。下一步应将整个墓地范围及墓葬排列、勘查测图，申报省保和国保，做好保护规划。磁县北朝墓群，位于邺城遗址西北郊，在南北15千米，东西14千米（原记录12千米）的范围内，分布100多座东魏、北齐皇室、贵族墓葬。在南水北调工程渠线规划时，由于西有太行山，东有邺城遗址，避让不开，只有选择地面坟丘稀少的地段绕行。结果仍发掘北朝墓6座，其中出有墓志或志盖的墓3座。有徐州刺史元祐墓，葬于东魏天平三年（公元537年）有墓志。出土志盖的有东魏贵族"魏故兖州元公墓志铭"和"大齐故修城王墓志铭"可知后者墓主人是北齐皇族高孝绪，该墓墓道壁画尚存，两壁各保存仪仗队列各13人。以上三墓的发现，对进一步廓清东魏陵区和北齐陵区有重要价值。另在陵区内湾漳营发掘北朝时期烧制建筑材料的窑址，应与修建墓陵有关。

唐宋及以后时期 内丘南中冯墓地有十六国——唐代墓地，以唐墓为主，墓中随葬有邢窑瓷器。元氏南北楼墓地是唐代大型土洞墓，为李氏家族墓地，排列有序，出土墓志有"东阿令李旷"墓。正定西邢家唐代墓地有"官"字瓷器。磁县北朝群莹域内还发现一些晚期墓葬，其中南来村墓地有保存较好的宋代壁画墓。徐水西黑山金元墓地，发掘一批平民墓，也是不可多得的材料。正定西邢家发掘骠骑将军颜玉家族墓地。永年申氏家族墓地占地60亩发掘明清时代191座合葬墓。

南水北调工程已分别于2013、2014年输水。目前正进行单项验收，以后还有国家验收。

文物保护田野工作已于输水前完毕，但室内整理和编写报告工作还在进行，这是费时费力的艰辛工作，期望同仁们再努一把力，最后完成。

河北省和其他省份先后举办了南水北调文物保护成果展，向领导和广大民众汇报，得到很好的社会效益。非常期望以后建设博物馆，长期为国家保存珍贵文物同时，供广大民众参观游览，惠及人民。

大型工程中的文物保护工作，经三峡工程和南水北调工程，积累了丰富的经验，是宝贵的财富，应认真总结，予以推广。

徐光冀

（水利部南水北调工程前期工作专家组成员、

南水北调工程文物保护河北省专家组组长）

2019 年 12 月 20 日

前　言

　　河北省位于华北平原的北部，东临渤海，西倚太行，北枕燕山，南接中原腹地，京、津包围其中，与山东、辽宁、内蒙古、山西、河南等省为邻。独特的地理环境，造就了丰富而灿烂的历史文化。南水北调中线工程大部分从河北太行山东麓的山前平原穿过，是古代文化遗存埋藏最丰富的地区。其基本线路走向是：自河南安乐镇穿漳河进入河北，经过邯郸市磁县、邯郸县、永年县，邢台市沙河市、邢台县、内丘县、临城县，石家庄市赞皇县、元氏县、鹿泉县、正定县、新乐县，保定市曲阳县、唐县、顺平县、满城县、徐水县、易县、涞水县，从涿州市穿拒马河进入北京市，全长463公里。一期工程除总干渠外，还修建从河北徐水县西黑山村北引水，途径河北省保定市徐水县、容城县、高碑店、雄县，廊坊市固安县、霸洲县，向东进入天津市的外环河，全长130余公里的天津干渠。

　　从20世纪50年代到现在，在河北中南部，南水北调渠线分布区域曾发现新石器时代早期的南庄头遗址，中期的易县北福地遗址，中、晚期的正定南阳庄遗址，末期的永年台口遗址；夏时期的先商文化遗存遍布河北中南部整个区域，冀北地区称为下七垣文化下岳各庄类型，冀中南地区称之为下七垣文化漳河型（或下七垣文化）；商文化在这里一直延续到西周时期，分布有许多不可移动文物遗存；春秋、战国时期北部属燕、南部归赵，中山夹在燕、赵中间，南水北调渠线穿过易县和徐水燕长城遗址及中山国和赵国的腹心地带；汉代城址和墓群在渠线上广泛分布，主要有涿州半壁店墓群、曲阳北平乐墓群、常山郡故城遗址、邯郸林村墓群、磁县讲武城遗址等重要文物遗存；魏晋南北朝时期，渠线南北贯穿全国重点文物保护单位——磁县北朝墓群保护范围，涉及东魏、北齐多个王族墓葬；唐、宋时期邢窑沙下遗址即在南水北调渠线边缘；金、元、明时期平民墓葬在渠线经过的地方曾经数次发掘，分布范围十分广泛；清代靳辅家族墓地和申氏家族墓地完全被渠线所占据。

　　为做好南水北调工程文物保护工作，自2006年4月至2010年9月，河北省文物局邀请国内23家考古研究机构、省内10家文物保护及研究机构参与开展了南水北调中线工程文物保护大会战，这是我省建国以来规模最大的基本建设工程中的文物抢救保护工程。在历时 5 年多的时间里，完成了 100 处（34 处古墓葬群，66 处古遗址）不可移动文物遗存的考古发掘工作，勘探面积 3886500 平方米（批准计划为 2895070 平方米），发掘遗址（含古墓葬）面积 274800 平方米（批准计划为 270000 平方米），发掘大中小型古墓葬 2633 座，出土文物 21177 余件（套）。保障了南水北调中线工程建设的顺利进行。

在南水北调工程中发现的 100 处文物遗存，上启 7000 多年前的北城村遗址，下迄明、清时期申氏家族墓地，基本涵盖了新石器时代中、晚期，夏、商、周、战国、秦、汉、魏、晋、南北朝、隋、唐、宋、辽、金、元、明、清各个时期，建立起了河北省中南部地区考古学文化发展序列，全面揭示了河北中、南部地区历史文化面貌，是河北中南部地区经济、社会、历史文化发展的缩影。唐县北放水、淑闾遗址，磁县东武仕遗址被评为该年度"全国重要考古新发现"，磁县东魏元祜墓与河南安阳固岸东魏北齐墓地被评为"全国十大考古新发现"。在南水北调工程田野考古工作结束后，在河北省博物院举办了"河北省南水北调文物保护成果展"，同时，举办 5 场重要考古发现专题讲座，引起社会各界广泛关注，产生了良好的社会效益。

"千淘万漉虽辛苦，淘到黄沙始到金"，本书选取 65 处考古发掘成果，力求全面展示河北省南水北调工程文物保护工作成就，让人们充分了解河北丰富的历史文化。南水北调水源源不断，河北历史文化源远流长。最后用一首诗表达对参与南水北调工程考古工作者的敬意：畅饮长江水，书写燕赵魂，历史探路者，当代考古人。

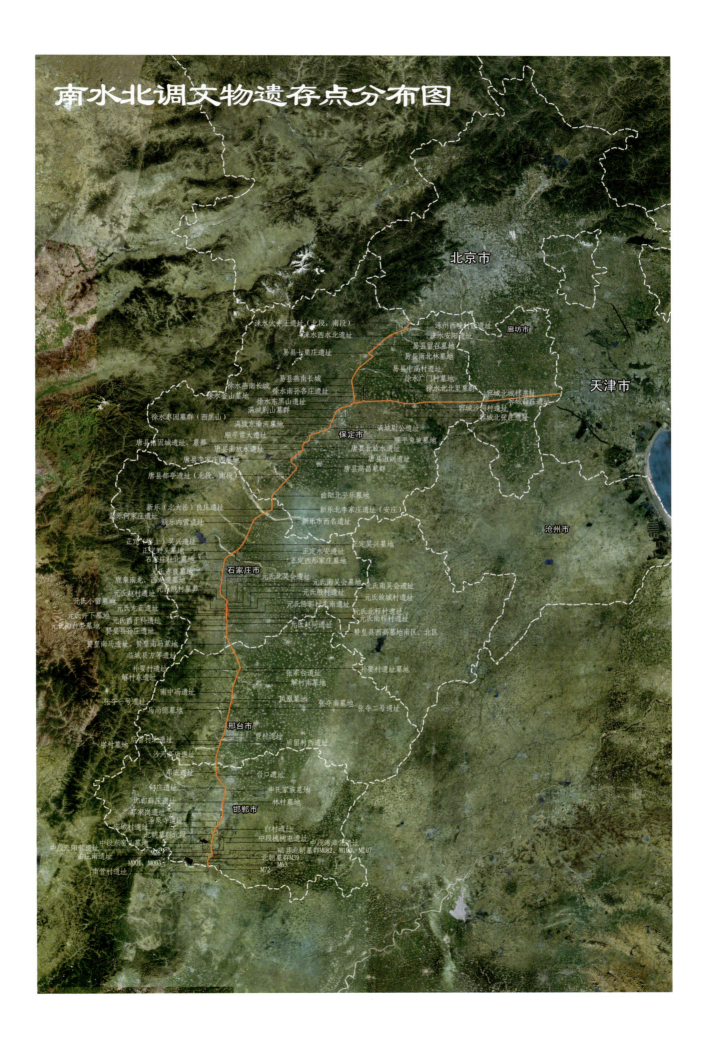

南水北调文物遗存点分布图

北京市

天津市

廊坊市

沧州市

保定市

石家庄市

邢台市

邯郸市

涞水大奇士遗址（北段、南段）
涞水西水北遗址
易县七里庄遗址

涿州西晒村庄遗址
涞水安阳遗址
易县留召墓地
易县南北林墓地
易县中高村遗址
徐水广门村墓地
徐水北北里墓群
容城北城村遗址
容城黑庄遗址
容城沙河遗址
容城北张庄遗址

易县燕南长城
徐水燕南长城
徐水釜山墓地
徐水南孚各庄遗址
徐水东黑山遗址
满城荆山墓群

徐水枣园墓群（西黑山）
满城东渝河墓地
顺平常大遗址
唐县南固城遗址、墓葬
唐县南放水遗址
唐县李各庄西墓地
唐县都亭遗址（北段、南段）

满城晁公遗址
满城屯公遗址
顺平兔坡墓地
唐县北放水遗址
唐县浪涧遗址
唐县高昌墓群

曲阳北平乐墓地
新乐北李家庄遗址（安庄）
新乐市西名遗址

新乐（北大岳）良庄遗址
藁乐何家庄遗址
新乐内营遗址

正定（常山上）吴兴遗址
正定野头墓地
石家庄杜北墓地
元氏赤镇墓地
鹿泉南龙、西兆通墓群
元氏小留墓地
元氏赵村遗址
元氏井下墓地
元氏白芝墓地
元氏西杜遗址
赞皇县孙庄遗址
赞皇南马遗址、赞皇南马墓地
临城县万省遗址
补要村遗址
解村东遗址

正定永安遗址
正定吴兴墓地
正定西邢家庄墓地

元氏北吴会遗址
元氏南吴会墓地
元氏殷村遗址
元氏故城村遗址
元氏隆郭村左南遗址
元氏北程村遗址
元氏南程村遗址
元氏赵同遗址
赞皇县西高墓地南区、北区

南中冯遗址
张子一号遗址
马尚德墓地

张家台遗址
解村南墓地

凤凰墓地
张庄南墓地
张庄二号遗址

补要村遗址墓地

塔村墓地
后固村屯遗址
沙河军店遗址

贾村遗址
后留村西遗址

邓底遗址

谷口遗址

何庄遗址
邯郸薛庄遗址
新家岗遗址
岳城村遗址
北朝墓群北段

申氏家族墓地
林村墓地

各泉寺遗址

白村遗址

中段淦阳雷遗址
蔺庄南遗址
南霍村遗址

M001、M003

中段东蜜王墓地
M26

中段槐树屯遗址
北朝墓群M39
M72

磁县北朝墓群M082、M100、M107
M63

中段海源遗址

目录
CONTENTS

易县燕长城遗址

　　易县燕长城系燕国南界筑于南易水沿岸的长城，是由易水堤防扩建而成的，一称"易水长城"，又称"长城堤"及"燕南长城"。其走向，起自今易县西，沿古南易水北岸东行，经今徐水、容城、安新、雄县，再转向东南入文安县境。既是燕国的边界军事设施，又是防范水患的大型水利工程。易县境内燕长城走向基本为南北向，北端向东直角转折，东西向穿越北邓家林村，墙体保存状况较差。地表现存两段墙体，南部一段现存约25米，基宽12米，高4—5米；北部一段地表现存约15米，基宽约8米，高2米。南水北调工程从易

燕南长城遥感图

县北邓家林村西约 300 米、西南距沈村约 200 米一带燕长城遗址穿过。2006 年 5 月，经过考古发掘证实，易县燕长城大体沿瀑河北岸而建，走向随地形而定，弯曲不直，墙基宽约 4 米。建造方法先顺断崖边向下挖宽 4 米，深约 2 米的基槽，然后再层层夯筑。筑法为板筑，即断崖外侧一面用木板，内侧用生土壁作挡板，层层夯筑。墙体外侧尚存板痕，木板宽约 0.2 米。地表上墙体和护墙用灰褐色黏性土，夯层之间有铺草痕迹，估计是用来防止粘夯具之用。基槽内用黄褐土，采用轻夯和重夯相间筑成。夯层厚约 0.08—0.2 米不等，夯窝直径 0.02 米，夯具为束夯和棍夯两种。据史料记载，该段长城为燕昭王所筑。（雷建红，《"燕长城"考古发掘完工报告》2006 年。）

长城夯筑结构

燕南长城断面夯层

燕南长城墙体现状

徐水燕长城

　　徐水境内的燕长城为燕南长城，从与易县交界处至徐水城西村，总长13500米，地面残留城墙9691米。其中，瀑河水库内长城遗存保存较好，残存城墙5260米，呈间断形态出现，墙体最高处达17米，最宽处达25米。瀑河水库外至城西村，全长8240米，破损比较严重，残存断续城墙4881米，墙体最高处达17米，最宽处达35米，其余地方城墙地表已无痕迹。

徐水燕长城保存现状（南向北）

渠线穿越长城范围

长城断面夯层

　　徐水县境内的燕长城走向，由易县曲城村进入徐水境内，穿过瀑河水库，经解村村西、大马各庄村北、大庞村村北、城西村村南、张华村村北，至此，燕长城均沿瀑河北岸修筑，其后，由张华村向东，越瀑河，沿瀑河南岸东行，经谢坊、王马、南张丰、前所营至徐水城关。城关分水闸将瀑河分为两支，即北瀑河、南瀑河。燕长城继续沿北瀑河南岸东行，

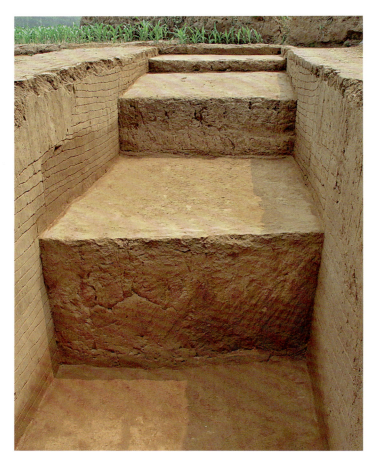

长城墙体夯筑结构

长城夯窝遗迹

经大寺各庄、南梨园，到南徐城后不再沿河而筑，自林水村经崔庄、商平庄，进入容城县黑龙口村。2006年5月进行了考古发掘，证实徐水燕长城墙基宽约8—9米，建造方法与易县燕长城相同。（雷建红，《"燕长城"考古发掘完工报告》，2006年。）

易县七里庄遗址

　　易县七里庄遗址位于河北易县城东北 3 公里处的七里庄村南，南水北调中线工程由西向东横穿遗址区。2006 年 4—10 月，经过考古发掘。发掘总面积达 7000 平方米。发现新石器至商、周等 5 个时期的文化遗存，其中尤以第二至第四期的商、周时期文化遗存最为丰富。

　　第二期遗存约相当于夏、商时期。出土陶器有鬲、盆、罐、甗、甑等，其中以鬲最具典型。常见的鬲为高领、鼓腹、锥状高实足跟，腹最大径偏下，领部施绳纹后常又被抹去，但留有痕迹。另外还有少量的无实足跟袋足鬲。本期遗存的文化面貌与下岳各庄一期、塔照一期基本相同，同时与张家园下层、围坊二期、大坨头遗址等遗存也有不少近似之处。

　　第三期遗存大约相当于商代晚期或到商周之际。出土有鬲、甗、甑、盆等，其中尤以花边口沿鬲最具特色：高领、鼓腹、肥大袋足、粗大锥状高实足跟；有的足跟与袋足界线模糊，过渡不明显；口沿下领部施一周附加堆纹，腹最大径近肩部；形体一般较高大，通高多在 40—50 厘米左右。另外，还有一种形体较小的带耳花边鬲。本期遗存的文化面貌与北福地三期、渐村三期、塔照二期等遗存基本相同，同时与张家园上层、围坊三期的某些陶器存在一些近似之处。

　　第四期遗存约相当于商周之际到西周中期。出土有鬲、甗、甑、盆等，其中仍以花边口沿鬲最具特色：高领近直、筒形深腹、大袋足，粗大实足跟与袋足基本已浑然一体，呈圆锥体状；领部的附加堆纹上移至口沿外侧，有的与口沿合为一体成为所谓的叠唇状；形体更加高大，通高多在 45—60 厘米左右。另外，存在少量绳纹矮裆袋足鬲和绳纹厚唇簋等西周文化陶器。本期遗存的文化面貌与炭山二期、镇江营七期等遗存基本相同，同时与张家园上层、古冶晚期的较多陶器存在不少近似之处。

综上所述，从遗址的文化内涵来看，易县七里庄遗址第二期遗存与燕山南麓的大坨头文化（或夏家店下层文化大坨头类型）、太行山东麓南部的下七垣文化，都存在着一定的相似性，但同时其本身似乎更具有不少的独特性。

学界曾将易水流域视为夏家店下层文化与下七垣文化交界地带，但这一时期这一区域的文化遗存以往发现并不系统和丰富，此次发掘将有助于该问题研究的推进。第三期遗存与太行山东麓南部的商文化区别明显，但其与燕山南麓的所谓"围坊三期文化"之间的差异，以往因资料欠缺似未得到应有的足够注意。第四期遗存与太行山东麓南部的西周文化区别明显，但其与琉璃河居址西周遗存的差异程度，因人而歧见，此问题直接影响到关于"燕文化""姬燕文化""土著燕文化"等燕系统文化诸概念的认定。而此次发掘将有助于促进燕系统文化的研究；与燕山南麓的张家园上层文化之间的差异，以往似亦未得到应有的足

遗址布方平面图

发现的陶窑遗迹

够注意。另外，三个阶段遗存间的连续性关系问题，尤其是第三与第四期遗存之间的关系，以往因资料欠详而学界多有分歧，或认为属于一支文化，或认为分属前后两支文化。此次所发现的三、四期两种遗存先后共存于一处遗址，此前似并不多见，因此对解决上述问题多有帮助。花边鬲是一种时间跨度长、地域分布广泛的鬲种，其使用人群应包括众多繁杂的族群及部族等。七里庄遗址出土的大量花边鬲标本，为研究花边鬲这一重要课题提供了新的实证资料。

河北中部乃中国古代北方文化与中原文化的交错地带，再具体而言，即是保定地区的易水流域一带。因此，易水流域是研究南北方文化融合与碰撞的关键地域。位于北易水北岸的七里庄遗址的发掘，建立了易水流域乃至太行山东麓北部地区夏商周时期一个比较详尽的编年系统，展现出该地域青铜时代文化比较清晰的演进轨迹，树立了一个重要的研究标尺。（段宏振，《七里庄遗址》，《河北重要考古发现》（1949—2009），科学出版社，2011年。）

灰坑 H25

遗物出土情况（商时期）

叠唇筒腹鬲（西周早期）

陶盒与石璧（西周早期）

陶缸（西周早期）

高领深腹鬲（商代晚期）

易县南北林墓地

　　易县南北林墓地位于易县塘湖镇邓家林和北邓家林村西 400 米的台地上，北面为瀑河的一条支流，南面距燕长城约 50 米。墓地被冲刷成多个台地。总面积约 45000 平方米。南水北调中线工程从墓地中心穿过。2006 年 7—10 月对该墓地进行了勘探与发掘，勘探面积 32800 平方米，发掘揭露 1641 平方米，清理古墓葬 26 座，其中汉代墓葬 19 座，唐代墓葬 7 座。

　　汉代墓葬均为砖室墓，以 M15 为例，为双室墓，由墓道、墓门、前厅、后室等部分组成。墓道位于墓室南侧，底部呈阶梯状；墓门位于墓道和墓室之间，为青砖券制，保存完整；墓室由前厅和后室两部分组成，前厅呈长方形，砖砌结构，前厅和后室之间有一道隔

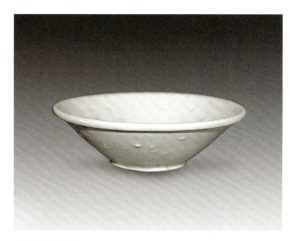

白釉碗（唐）

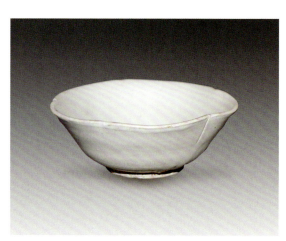

白釉碗（唐）

白釉碗（唐）

白釉碗（唐）

墙。后室由砖砌东、西并列长方形墓室组成，两个墓室分别葬一具人骨架。汉代墓葬出土器物有陶楼、圈、灶、井、仓、磨、俑、壶以及鸡、狗等家畜明器，铜器有镜、带钩、铜铃铛、铜环等，出土铜钱若干枚。

唐代墓葬墓室平面均为椭圆形，墓道位于墓室南侧，为长方形阶梯式墓道。墓门位于墓道和墓室之间，为青砖券制，券顶以上为砖砌门楼，券顶以下用青砖斗式或斜式垒砌封门。墓室为青砖砌券，墓底无铺地砖，墓门两侧有明柱斗拱。东壁雕有连枝灯，西壁雕有直棱窗，直棱窗北有砖雕桌饰。墓室北半部为砖砌棺床。唐代墓葬出土遗物有陶罐、魂瓶、钵、盂、盆、盒、釜，瓷碗、铜饰件等。

根据墓室结构和出土遗物判断，南北林墓地汉代墓葬的年代应为东汉时期，墓葬等级不高，应为平民墓葬。唐代墓葬个别墓葬为贵族墓。该墓地的发掘为研究该地区汉唐时期的墓葬结构、丧葬习俗等提供了重要资料。（袁进京，《"易县南北林墓地"考古发掘完工报告》，2006 年。）

蝠形柿蒂纹铜镜 M26：01

徐水东黑山遗址

　　徐水东黑山遗址位于徐水县西北，大王店乡东黑山村村南，处于西部低山向平原过渡的丘陵地带。整个遗址位于东黑山村村南 200 米、西黑山村村东 200 米处。其位置正好处于狭长的山口地带，易县至徐水、满城至定兴、保定至定兴三条道路交汇处，地理位置十分重要。遗址地势西北高东南低，总面积约 150 万平方米。南水北调天津干渠从遗址中、北部东西向穿过，占据遗址面积约 20 万平方米。2006 年 5 至 10 月，对遗址进行了田野考古发掘，发掘区位于整个遗址的西南部，共分四区，发掘面积 5400 平方米。根据发掘和勘探情况来看，遗址地层堆积明确，自战国、两汉、唐宋、金元时期一直延续至明清，内涵十分丰富。以Ⅱ区地层堆积最具代表性，厚 80—150 厘米。地层可分为 8 层，第①层为耕土层，第②层为明清时期，第③层为金元时期，第④层为唐宋时期，第⑤层为东汉时期，第⑥层为西汉晚期，第⑦层为西汉早期，第⑧层为战国晚期。共清理各类遗迹包括瞭望设施 1 处、城址 1 处、墓葬 23 座、房屋基址 22 座、灰坑 380 座、灰沟 10 条、道路 6 条、水井 7 眼、灶 5 座等等，共计 455 处遗迹。

　　军事瞭望设施位于遗址东南侧斑鸠山顶上，遗迹残留长 7 米、宽 3 米，为单间房址，南北长 2.5 米、东西残宽 1.5 米，北、南和西侧为石子泥土混合物筑成的墙体，西侧墙基外侧有长方形灰坑。

　　战国城址位于遗址的西北部，西北角被破坏。城址中部有东西向一道隔墙，将城址分为南、北两部分。隔墙长 163 米，垣基宽 5 米。北城城垣东西长 165 米，南北宽 95 米，垣基宽 9 米。北城有四座城门，北门位于北垣中部偏东，宽 6 米；南门位于隔墙中部偏西，

遗址全景

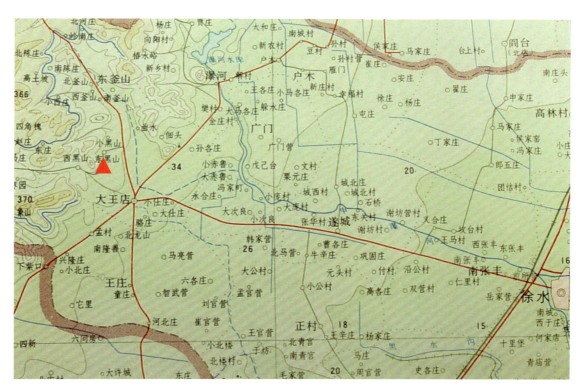

遗址位置图

房址 F14（西汉）

宽 6.8 米，有道路连接南城；东门位于东垣的中部偏南，宽 15 米。南城东西长 180 米，南北宽 86 米，除南城北垣（隔墙）有座城门连接北城外，其东、西、南部均没有发现城门。

遗址以西汉中晚期至东汉早、中期遗存最为丰富，共计发现房屋基址 16 座、墓葬 16 座、灰坑 341 座、灰沟 8 条、道路 3 条、水井 7 眼和灶址 2 座。16 座房屋基址分地面建筑、带火炕的浅地穴房屋和半地穴式 3 种形制。地面建筑一座，破坏严重，屋内南北长 12.2 米、东西宽 6.1 米，内部有踩踏痕迹，踩踏面下为黄白色垫土，门道位于房屋东部南侧，宽 0.6 米，房屋墙体残留底部的土坯痕迹，土坯用黄褐土制成，一般长 0.5 米、宽 0.3 米，时代为西汉中期。带火炕的浅地穴房屋 11 座，其中双室 4 座，单室 7 座。单室面积在 10—12 平方米，火炕长 3—3.5、宽 0.5—0.8 米，有 2 或 3 条烟道，烟道宽 0.2—0.3 米，用黄褐土筑成，地势由灶口一侧向烟囱一侧逐渐升高，顶部高出地面 0.2—0.4 米，有的烟道上面还残留有铺设的薄石板。根据炕体平面不同形状，可分 A、B、C、D 型。A 型，2 座，平面形状呈曲尺形，火炕炕体分 2 段，连接房屋东、北侧墙体，北侧的火炕较长，2 条烟道，火眼热源（灶）位于东侧烟道中部靠南。B 型，1 座，分 2 间，火炕位于东侧房间内，为整面火炕，炕体占用房间的东侧，平面形状长方形，烟道环绕炕体四周，北侧保存有 2 条烟道，上盖有土坯，东、南侧烟道已遭破坏，火眼热源位于西侧中部。C 型，6 座，平面形状呈长方形，火炕炕体为一段，占用房屋的东或西面墙体，2 条烟道。F4，东西全长 7.15 米、南北宽 3.4—3.5 米，2 间房有墙体相连，东间靠南部偏西侧有宽 0.6 米的门道，紧靠东间东墙和西间西墙各有长方形火炕 1 座，2 条烟道，烟道由北向南呈坡状上升，在南侧留有烟囱 1 个，火眼热源（灶）位于火炕北侧，西侧房间外侧、屋内南侧各残有柱洞 2 个。D 型，2 座，炕体平面形状呈长方形，火炕炕体为一段，占用房屋的北面墙体，带有 3 条烟道。带火炕的房子大多为西汉晚期，部分为东汉早、中期。

16 座汉代墓有瓮棺墓、瓦棺墓、砖室墓和土坑竖穴墓。无墓道的砖室墓葬 1 座，带墓道的砖室墓 4 座，随葬品有五铢、货泉铜钱和大量陶器。其中 M15 出土的一件陶灯形制奇特，与其共出的长颈壶也很有特点，年代为东汉前期。瓮棺葬 7 座，一般用 2 个泥质或夹砂的红陶釜和灰陶罐口部相对，内葬有儿童骨架。341 座灰坑依平面形状可分为圆形、椭圆形、长方形和不规则形，以圆形直壁平底坑为最多。汉代道路 3 条，其中 L3 为西南—东北走向，为丁字路，宽 4—5 米，路面由较多的碎砖瓦和石子铺设而成。水井 7 眼，井口为圆形，多遭破坏。

遗址内出土有大量汉代遗物，分陶器、铁器、铜器、玉石器等类。陶器分建筑构件和生活用器。建筑构件多为泥质灰陶，火候

铁犁铧（西汉）

铁锄（西汉）

铁镞（西汉）

瓮棺葬 M11（西汉）

长颈壶（东汉）

陶灯（东汉）

砖室墓（东汉）

高，少量的泥质红褐陶，有板瓦、筒瓦、瓦当和砖等。瓦当分半瓦当和圆瓦当，瓦面为云纹。板瓦正面后半部为绳纹、前半部为素面或凸棱纹，内一般为菱形纹或圆形斑点纹，少量的布纹。筒瓦外饰绳纹有粗细之分，内饰布纹。瓦的背面边缘均有从内向外的切割的痕迹。生活用具陶器以泥质灰陶、夹砂、夹蚌灰陶为主，以及少量的泥质红陶、泥质灰褐陶、夹砂红陶、夹砂红褐陶，火候较高，轮制为主，纹饰最多的为绳纹，有粗细之分，其次为素面，另有交错绳纹、涂抹绳纹、剔刺纹、刻划纹、回曲纹、篮纹、波折纹、凸棱纹、弦

二区全景

纹、附加堆纹等。器类有敞口上折沿红陶釜、敞口小平底、圜底罐、卷沿灰陶盆、折腹碗、矮柄深腹豆、小口瓮、纺轮、钵、杯、弹丸等。铁器有铁铤铁镞、铁铤铜镞、矛、环首刀、犁铧冠、镰、铲、锸、叉、斧、锥、凿、权、马镳、马衔等。铜钱有半两、五铢、剪轮半两等。其他还有鎏金铜眉刷，镀银铜针、环、管、带钩、削刀、盖弓帽等，玉石器有磨（砺）石、斧、凿、铲、璧、饰件等。战国时期遗物较少，主要有红陶釜、泥质灰陶豆、瓮等。

东黑山遗址面积近百万平方米，其范围之大，内涵之丰富，是近年来河北发现的战、汉时期遗址中很少见的。其中城址属于燕南长城外围的附属小城，往北可进入燕国腹地，东、北距燕南长城约6公里，联系到遗址东南斑鸠山顶上的哨所遗迹及其附近燕长城遗存，可以推测这个区域历来是一处军事要地，城址的性质应该是重要军事设施。汉代房址的发现为研究汉代的聚落形态提供了丰富的实物资料。火炕是中国北方民居取暖的设施，一般用泥坯和砖块砌成，上面铺席，下有火道和烟囱相通。东黑山遗址内的房址中大多带有火

成排房屋（西汉）

火炕遗迹（西汉）

铁锛（西汉）

铁铲（西汉）

铁斧（西汉）

铁环首刀（西汉）

铁削刀（西汉）

炕，结构完整，形制较为成熟，带有 2 条或 3 条烟道，这是华北平原地区的首次发现。中国以往考古资料所发现火炕的遗迹多分布在东北地区，其时代最早的为东汉晚期，而本次东黑山遗址中发现的火炕，其年代最早可到西汉早、中期，这是迄今发现的最早的火炕，不仅将火炕出现的历史又向前推进了一步，同时对火炕起源的研究提供了新的材料。（石磊、贾金标、赵春明，《徐水东黑山遗址发掘报告》，科学出版社，2014 年。）

徐水北北里遗址、墓地

　　徐水北北里遗址（墓地）位于河北省徐水县北北里村，南距徐水县城 15 公里，北距高碑店市约 40 公里，西边毗邻 107 国道。遗址现存面积约 2 万平方米，渠线占压面积近 1 万平方米。因历年生产施工致使遗址已遭到不同程度的扰乱。2006 年 4 月下旬至 7 月底对遗址进行发掘，发掘遗址面积 2180 平方米，出土了一批重要的遗迹、遗物。新发现了一批先商文化遗存。

　　遗址分为东、中、西区。东区和西区主要为汉代和汉代以后的遗存，地层堆积较厚，发现有金、元、清代墓葬。中区原为一处高出四周的台地，主要为较大面积的先商文化遗存，另有少量汉代和金、元时期的遗迹。共发现灰坑 36 座、灰沟 6 条、房址 7 座、路基 1 条、灶 3 座、水井 4 座、墓葬 16 座（其中竖穴土坑墓 11 座，砖室墓 5 座）。出土可复原陶器（包括复原的器物）、石器及部分铜器、铁器、瓷器等 110 余件，另出土各类陶片及石器残片等近 2 万片，以先商时期遗存最为重要。

　　先商遗迹灰坑 21 座、灰沟 4 条、房基 6 座、灶 3 座、路基 1 条、墓葬 1 座。灰坑有圆形、椭圆形、长方形和不规则形，大部分坑壁及坑底不规整，个别圆形灰坑有加工痕迹。坑底少数为平底，大多数呈锅底状，一般较浅。坑内填土为灰褐色，较疏松，包含物有陶片、兽骨和少量石器等。灰沟有不规则形和长条形，沟底不平整，沟内填土多为灰黑色，较松散，包含有陶片、石器、兽骨等。其中 G5 出土陶片较多，复原的器物有鬲、瓮、罐、豆、钵等多件。

　　房基有半地穴式和地面建筑两种形式，集中分布在遗址东北部。半地穴式房基可分为浅穴和深穴。F1 为浅穴，四周斜壁，南北长 3.9 米，东西宽 3.1 米，深 0.2 米至 0.5 米，周围分布大小 30 余个柱洞；门道向南，房基中间设有 1 排柱洞，将房子分为 2 间，房内地面不甚平整，东高西低，为略经夯实的生土硬面，房内表面堆积为灰黑色，包含物有鬲、豆、盆、罐、甗等残片。在 F1 西北角和 F4 西南角 1 米处均发现造型简陋的土坑灶 3 座，平面呈椭圆形，中间为圆形灶坑，一侧近底部有火道直通灶坑，另一侧有烟道与灶坑相通，灶内填土为灰黑色，灶面直径 0.45—0.55 米，残高 0.25—0.35 米。

发现路基 1 条，整体呈不规则的长条状，东西走向，开口在先商文化晚期地层下，为纯净的棕黄色土填筑，路面不平整，有明显的踩踏凹陷痕迹，清理时可分层剥离。路基残长 6.5 米，残宽 0.6—0.9 米，厚 0.1—0.2 米。清理小型土坑墓 1 座，南北走向，墓壁不规整，墓室上部已遭破坏，出土陶盆 1 件。此外，在上述房基西北 10 米处发现 1 座可能属于祭祀坑的遗迹。在一座直径约 1.2 米的圆形坑内清理出 7 个形状大体相似的小坑，彼此连在一起。坑壁平面呈棕黄色，系利用纯净的黄土砌筑而成。这些小坑内分别放置纺轮、石镰、狗下颌骨和猪肩胛骨及其他兽骨和残陶片，有的兽骨发现有烧灼痕迹，推测可能是同一族群经多次祭祀活动形成的祭坑。

先商文化遗物主要有陶器和石器，陶器有夹砂灰陶、红陶和黑陶，夹蚌红陶，泥质红陶和灰陶以及泥质磨光黑陶等。纹饰有细绳纹、弦断绳纹、捺窝状附加堆纹、细刻划纹、戳印纹和压印涡纹等。陶器种类有卷沿高领袋足鬲、长颈鬲、鼓腹罐、卷沿瘦腹平底罐、直腹盆、折腹盆、弧腹盆、敛口深腹平底蛋形瓮、深腹豆、斜腹豆、纺轮、器盖盖纽、器耳以及较多的甗腰残片等。石器种类有弯月形石镰、梯形石刀和穿孔石刀、穿孔砺石、石球等，其中 1 件穿孔砺石近孔一端有 2 组由点、线交叉串连的刻划符号。

北北里墓地中区全景

房址 F3

M18 遗物出土情况

金代墓葬 M14

东区地层堆积

　　汉代遗存主要分布在遗址东区，西区有少量分布，中区不见汉代地层堆积，仅见一座汉代瓮棺墓。发现灰坑 8 个，灰沟 1 条，井 1 眼。陶器形制以罐为主要器类，其次是壶、瓮、盆等，纹饰主要为绳纹、弦纹、篮纹，还有斜方格纹以及压印圆窝纹等。发现有筒瓦、板瓦等建筑构件以及铁刀、铁锤等铁制工具。

徐水北北里遗址发现的先商文化遗存无论遗迹遗物均与保南地区北放水遗址以及淑闾遗址的同类遗迹、遗物相似，说明北北里遗址与上述遗址基本属于同一文化类型。值得注意的是，该遗址不但发现有成组合的先商文化陶器，而且在有限的发掘范围内集中清理出一批不同形态的房基，房基附近还发现可能属于祭祀坑的遗迹，这些对于进一步研究保北地区先商时期聚落形态及聚落功能等提供了重要的线索。先商文化遗存的发现，对于研究这一地区本土文化与周邻文化的关系以及商族与商文化的渊源等具有重要意义。（盛定国，《"徐水北北里遗址"考古发掘完工报告》，2006 年。）

陶鬲（先商）

陶鬲（先商）

陶罐（先商）

蛋形陶瓮（先商）

陶盆（先商）

深腹盆（先商）

陶鬲（先商）

陶鬲（先商）

徐水西黑山墓群

徐水西黑山墓群位于徐水县大王店镇西黑山村西南约2公里一处台地上。地势西高东低，东面较为开阔。墓地东西宽约400米，南北长约600米，总计约240000多平方米。在墓地中部，有一条大体呈东西向的自然冲沟，现成为乡间小路，将墓地分割为南北两个区域。共清理了62座金元时期的墓葬，2座清代墓葬。

根据墓葬建筑材料和整体形制结构的不同，可将西黑山墓地的金元墓葬分为类屋式墓、砖（或石）圹墓、土坑竖穴墓三类。其中，石筑类屋式墓，用青砖或石块做材料，根据墓室平面形状的差异，可分为近圆形墓、前圆后方墓、方形墓、船形墓四型。砖或石圹墓，以青砖或石块垒成长方形墓圹，多盖有石板封顶。砖筑或石筑类屋式墓，是西黑山墓地的主要墓葬形制，由墓道、墓门、短甬道和墓室组成，均为南向。墓道多为斜坡式，也有阶梯式。墓室平面形状几乎都是圆形，仅船形墓和方形墓各一例；墓室顶有穹隆顶和券顶两种。

由于多数墓葬没有被破坏，因此，获得了一批成组合的随葬品，有瓷器、陶器、玉器、铜器、铁器、漆器以及铜钱等。

瓷器种类有缸、小口瓮、双耳罐、鸡腿瓶、大口钵、碗、盘、盏、器盖等。瓷器比较粗糙，应该是民窑的产品。多见磁州窑、定窑和钧窑等窑系的器物。陶器均为泥质灰陶，以轮制为主，个别为手制，经轮修。素面为主，个别器表有弦纹，有些陶罐底部有轮制或轮修而形成的"漩涡"刷划纹。主要器类有深腹罐、双耳罐、盆、碗、钵等。玉器，3件，均为饰件。铜器仅见饰件，主要有簪、钗、耳环、带扣等。骨器，骨梳1件。漆器，漆盘2件。石器有石枕和不明器形的石器两类。发现铁钱、铜钱400余枚，多为汉代、唐代、金代和

白釉酱彩梅花点纹碗（元）

白釉盘（金）

白釉盘（金）

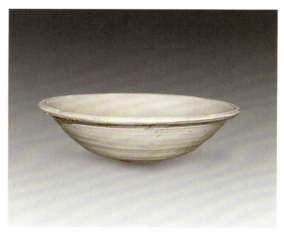

白釉碗（金）

钧窑蓝釉碗（元）

钧窑蓝釉碗（元）

孔雀蓝釉"福"字碗（元）　　　　　　龙泉窑青釉碗（元）

元代铜钱。

　　从墓葬形制规模、随葬品数量和质量等多方面因素进行综合考察，初步确定西黑山墓群是一处金元时期的平民家族墓地。它秉承了当地的文化传统，以类屋式墓为主体，为研究北方地区金元时期民间的丧葬习俗提供了实例。徐水西黑山墓群的发掘，是近年金、元时期墓葬考古的重要发现之一，在一定程度上将会促进金、元时期墓葬的考古学研究。（董新林，《徐水西黑山金元时期平民墓地考古发掘》，文物出版社，2010 年。）

唐县北放水遗址

　　唐县北放水遗址位于唐县高昌镇北放水村西北台地之上，处于太行山东麓丘陵与平原混合地带，地势由西向东倾斜。由于自然和人为原因，遗址被数条自然冲沟和人工取土坑分隔，形成多个大小、形态各异的台地。遗址南起放水河、北至北部东西向冲沟以北约100米处，东接北放水村，西距龙虎庄约200米，总面积约110000平方米，其中南水北调渠线占压面积约40000平方米。2005年河北省文物研究所组成考古队，对该遗址实施第一次正式考古发掘，实际发掘面积3100平方米。2006年实施第二次考古发掘，实际发掘面积2550平方米。合计发掘总面积5650平方米。发掘依地形特点划分为6个区域，共计发现各类灰坑558个，半地穴式房址7座，灰沟24条，竖穴土坑墓4座，瓮棺墓10座。出土陶片、石器残件8万余件，其中可复原陶器100余件。主要分夏时期、东周、西汉三个时期的文化遗存。

　　夏时期遗存以形态各异的灰坑为主。依平面形状可分为圆形、近圆形、椭圆形、长方形和不规则形，结构为斜壁、直壁、袋状、平底、圜底、不规则形底等，多为人工挖掘以倾倒废弃物或利用自然坑穴堆积遗弃物。H13，平面呈椭圆形，经人工修整，平直规整，圜底。填土为灰黑土，疏松，掺杂大量红烧土块。坑底也堆积大量红烧土块，皆为草拌泥块，大小不一，大者长约0.2、小者仅长约0.05米。部分土块烧结程度高，呈青灰色，泥块上可见规整的转角，表面草秸痕明显，红烧土块散置，无规律。出土有夹云母灰陶、夹云母黑皮红陶、夹云母红陶、夹砂灰陶及泥质灰陶等器物残片，可辨器形有鬲残片、甑腰、瓮口沿、瓮圈足、折腹盆残片等。H24，平面呈不规则形，斜坡状壁，表面凹凸不平，底较平，略有起伏。填土为黑灰土，较致密、略硬，愈往下土色愈浅，夹杂大量红烧土块。出土有夹砂红陶、灰陶，夹砂黑皮红陶，夹云母黑皮红陶，泥质红陶、灰陶及磨光黑陶、灰陶等器物残片，器形有鬲、盆、豆、罐及穿孔石刀、石斧、圆形陶片等。H81，平面呈一头宽一头窄圆角长条形，西北—东南走向，斜壁，表面不规整，圜底，凹凸不平。填土为黑灰土，较硬，含较多炭粒、草木灰。出土有夹云母黑皮红陶、灰陶，夹砂黑皮红陶、灰陶，泥质灰陶、磨光黑陶等，器形有甗腰、瓮口沿、瓮圈足、盆口沿、豆残片及石镰、石斧、陶纺轮、圆形陶片等。

房址皆为简陋的近圆形半地穴式，直壁或斜坡状壁，活动面为略经踩实的生土硬面，较平或中部略凹，局部有不规则烧土硬面，环壁一周发现有大小不一的柱洞底残迹，门道向南或东，其中一座房址在近门道处发现有近圆形土坑灶。

夏时期遗物以陶、石器为主，另有小型玉器、骨器等。陶器陶质有夹云母黑皮红陶、灰陶，夹砂黑皮红陶，夹砂灰陶、红陶，夹蚌红陶，泥质红陶、灰陶及泥质磨光黑陶等。器类有卷沿高领袋足鬲、饰附加堆纹甗腰、鼓腹罐、弧腹罐、弧腹盆、折腹盆、敛口蛋形

北放水遗址全景

圈足瓮、敛口折肩平底瓮、深腹豆及纺轮等，以侈口卷沿高领鬲、长颈袋足鬲和敛口内勾蛋形圈足瓮最富特征，纹饰有细绳纹、中绳纹、弦断绳纹、锁链状附加堆纹、细线刻划纹、楔形戳印纹、压印圆涡纹等，小件陶器有蘑菇状器钮、陀螺状纺轮、圆形陶片、弹丸等。石器种类有长条形穿孔石刀、弯月形石镰、亚腰形石铲、梯形石斧等。玉器为片状穿孔小饰件，骨器为圆锥状残骨簪。

东周时期遗迹有灰坑、灰沟和土坑墓、瓮棺墓，灰坑为平面近圆形或不规则形斜壁圜底状；灰沟多为自然冲沟，平面形状不规则，宽窄不一，斜壁，圜底；土坑墓为竖穴长条形，无葬具、无随葬品，葬式为仰身直肢，保存极差；瓮棺墓葬具为夹蚌红陶釜对接，未发现人骨。出土遗物有夹蚌灰陶折沿方唇乳突状足跟粗绳纹鬲、泥质灰陶细柄碗形豆及夹蚌红陶敞口沿上翘长腹圜底釜及三棱状小铜镞、弧刃拱背环首小铜刀等。

西汉时期遗迹发现一处素面青砖砌就的长方形简易建筑址，内填充不规则形条石块及板瓦、筒瓦、敞口卷沿鼓腹罐等残件。西汉时期遗物有绳纹板瓦、筒瓦及卷沿灰陶盆等。

遗址第六发掘区探方全景

ⅠT0102 北壁剖面

Ⅵ区房址

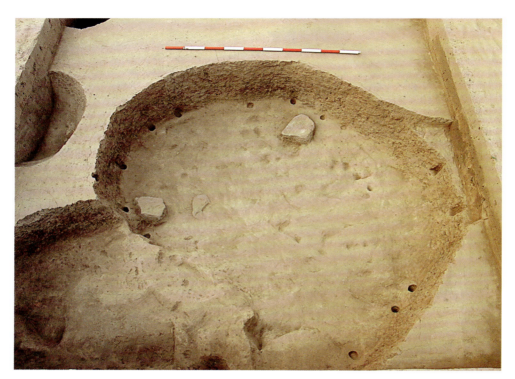

Ⅵ区房址

石斧（先商）

　　唐县北放水遗址夏时期文化遗存的发现是近年来保定地区夏商周考古的重要收获。以往对于此类遗存只进行过调查或小范围试掘，且多集中于保北地区，学者称之为"保北型"先商文化或"下岳各庄"文化。北放水遗址发现的夏时期文化遗存与豫北冀南发现的下七垣文化、晋中夏时期文化、北方夏家店下层文化等既有联系，又有区别，有鲜明的地域特征，应是夏时期一种新的文化类型，对于研究商人古部族的分布及文化属性，夏时期北方与中原青铜文化的交流和碰撞，商族和商文化的渊源等有重要价值。北放水遗址因此被评为"2005年度中国重要考古发现"之一。（徐海峰，《唐县北放水》，《河北考古重要发现》（1949—2009），科学出版社，2011年。）

张忠培、徐光冀先生到北放水指导工作

敛口折肩平底瓮（先商）

高颈鬲（先商）

蛋形圈足瓮（先商）

陶豆（先商）

高领鬲（先商）

高领鬲（先商）

红陶釜（战国）

折腹盆（先商）

唐县都亭遗址

　　唐县都亭遗址位于唐县县城西南 4 公里之东都亭村东侧。遗址南北 1030 米，东西 350 米，总面积 360500 平方米。南水北调中线干渠自遗址中部穿过，渠线穿越的遗址面积约 10 万平方米。2006 年 4 月 24 日至 7 月 31 日，对都亭遗址进行了发掘。发掘总面积 2540 平方米，共清理灰坑 96 个、灰沟 8 条、灶址 4 座、窑址 4 座、房址 2 座、墓葬 29 座、井 5 眼、道路 1 条，共 149 个遗迹单位，出土陶、瓷、铁、铜、石等各类完整或可复原器物 218 件。

　　都亭遗址共分四个发掘区，其中 Ⅰ、Ⅲ 区及 Ⅱ 区北部为遗址区，夹杂有汉、北魏及金元时期墓葬 13 座；Ⅱ 区南部及 Ⅳ 区为墓葬区，共清理西汉、东汉、宋金墓葬 19 座。

　　第 Ⅰ 发掘区，发掘面积 1556 平方米。地层堆积共分五层，其中第三、四、五层为西汉时期文化层，内含遗物较为丰富。该区最大的收获是西汉时期窑场的发现，此次发掘揭露出了窑场的取土坑，土料堆，水池，陈泥池，泥坯、晾坯场，井，窑，看窑房等一系列制陶遗迹，在取土坑及窑场废弃堆积中还发现有陶范、陶拍及大量烧流的砖瓦、陶器残块等遗物。发掘区内共清理窑址 4 座，以 Y3 最为典型，形状近似马蹄形，全长 4.62 米，由工作间、火门、火膛、窑床、烟道、烟室、烟囱等部分组成，保存均较完整。该区出土遗物，以建筑构件与陶片为大系，其中建筑构件板瓦约占 87.2%，另有筒瓦、瓦当等。陶器器形以盆、甑为主，另有碗、釜、炉、锅、陶垫等。

　　第 Ⅱ 发掘区，地层堆积较简单，共发掘面积 115 平方米，清理灰坑 8 座、灰沟 4 条、道路 1 条、房址 1 座、墓葬 2 座。出土遗物较少。共发掘墓葬 31 座，其中西汉晚期墓 7 座，东汉中、晚期墓 4 座，北魏时期墓 2 座，宋、金时期墓葬 15 座，金、元时期墓 3 座。在西汉晚期 7 座墓葬中，5 座瓮棺葬（M3、M5、M8、M9、M10），除 M3 以夹砂灰陶瓮为葬具外，其余 4 墓均为二个夹砂红陶釜对扣所成。另有长条形竖穴砖室墓 1 座，洞室墓 1 座。根据墓葬与遗址层位关系，推测其年代为西汉晚期。东汉中晚期墓葬 4 座，发掘前均已被盗。宋、金、元时期墓葬 19 座，发掘前墓均遭不同程度盗扰，有部分墓葬暴露于地表，4 座墓葬为圆形穹隆顶仿木构砖室墓，由墓壁可明显看到简化的仿木结构。出土各类随葬品 37 件，其中瓷器 26 件，陶器 3 件，另有铜器、铁器、石器及铜钱等。

通过发掘，基本弄清了该地区西汉窑场的规模、烧窑水平、产品性质、延续时间，对了解当地汉代制陶手工业的发展情况提供了翔实的资料；除此之外，发掘揭露了一系列汉魏及宋元时期的墓葬，其中还发现了有刻字砖铭明确纪年的北魏墓、形制少见的双墓道带后龛用隔墙间隔的墓葬，对我们了解该地汉代葬俗的发展演变脉络乃至社会文化、经济形态等有重要意义。（孟繁峰，《"唐县都亭遗址"考古发掘完工报告》，2006 年。）

东都亭西汉窑场发掘全景

窑址 Y1（西汉）

窑址 Y3（西汉）

砖室墓（北魏）

圆形砖室墓（金）

窑场陈泥池（西汉）

窑场晾坯场（西汉）

窑场水池（西汉）

砖室墓（东汉）

都亭Ⅱ区全景

Ⅱ区M2出土器物组合（唐代）

陶钵（西汉）

陶盆（西汉）

陶釜、炉（西汉）

陶甑（西汉）

陶罐（西汉）

陶盘（西汉）

陶圈（西汉）

陶拍（西汉）

陶支脚（西汉）

陶瓦当（西汉）

昭明镜（西汉）

铜盆（西汉）

唐县淑闾遗址

　　唐县淑闾遗址位于唐县高昌镇淑闾村西的太行山东麓平原地带。2006年5—9月，为配合南水北调中线工程建设，河北省文物研究所对该遗址南水北调渠线所涉及的部分遗址进行了抢救性发掘。发掘总面积4060平方米，发现夏时期、东周、汉、明清等多个时期的遗存，发掘灰坑202座、灰沟9条、墓葬3座、窑址1座、夯土墙1处、石砌墙基1处。出土陶、瓷、石、玉、铜、铁、骨、蚌等文物140余件。

　　夏时期遗存集中分布于第Ⅰ发掘区的中西部，遗迹包括灰沟2条、灰坑48座。两条沟几近平行，均近南北向分布于夏时期遗存东部。根据两条灰沟的位置、结构推测，它们可能是当时聚落外围的壕沟。除壕沟外，本期遗存还发现有一种平面近圆形或不规则形的，壁和底不甚规整的灰坑。这些灰坑一般个体较大，直径5米、深1米左右。部分坑内有柱洞、灶存在，说明它们在废弃前可能是房址或有其他的特定功能。坑内堆积多为灰褐或灰黑色土，一般包含有较多的炭、烧土和陶片。夏时期遗物多发现于这些灰坑内。以H3为例，坑口东西宽2.15米，南北长5.92米，底部东西宽1.55米，南北长4.62米，深1.35米。填土灰褐色，土质松软，包含物较为丰富，有夹砂和泥质陶两类，器形有鬲、鼎、甗、盆、豆、罐、瓮、斝、石刀、石镰等。其中，以高领鬲为代表的山西白燕四期文化遗存、尊形鬲为代表的北方夏家店下层文化和以垂腹鬲为代表的当地土著文化在此交汇，反映了该地区夏时期复杂的考古学文化面貌。淑闾遗址地处中原与北方古文化的中间地带，对深入研究当地夏时期青铜文化面貌、土著文化与周邻文化的关系提供了重要资料。

　　东周时期文化遗存发现墓葬3座，墓葬形制大体相同，均为长方形土坑竖穴墓，长2

I 区全景

米，宽 1 米左右。以 M2 为例，墓口长 2.5 米，宽 1.16—1.26 米，墓底长 2.2 米，宽 0.9—1.05 米，深 1.71 米。墓内土质疏松，未经夯打。墓口以下 0.4 米处平面堆积大量石块，在石块之间南北并列放置 3 具马头骨，马头吻部朝东，在马头骨周围出土马具和饰品 20 余件。墓口向下 1.31 米处有熟土二层台，宽 0.12—0.17 米。葬具为一棺，棺朽，残存板灰痕迹，长 2.05 米，宽 0.75 米，高 0.4 米，厚 3—5 厘米。棺内有骨架一具，墓主人为女性，保存较好，仰身直肢，面向上。墓主人头顶和腰部出土铜泡饰 14 件，头顶泡饰有织物痕，应为覆面上的缝缀的泡饰。耳部出土弹簧形耳环 2 件，胸部出土铜镜形饰 1 件，颈部出土玉串饰 5 件。从 3 座东周墓葬出土鬲、盂、罐等陶器随葬品来看，3 座东周墓的年代应为春秋中期，文化特征具有明显的鲜虞文化因素，同时，一些器物还具有燕文化特征。因此，它为探索鲜虞（早期中山）文化和燕文化的关系提供了重要线索。该遗址被评为 2006 年度全国重要考古发现。（刘连强、郭荣成、毛小强、韩金秋，《唐县淑闾遗址Ⅲ区发掘简报》，《文物春秋》2012 年 4 期。）

灰坑（夏时期）

Ⅰ区 H176 陶鬲组合（夏时期）

Ⅰ区 H38 陶鼎组合（夏时期）

夏时期器物组合（ⅠH176）

石镰、石刀（夏时期）

陶拍（夏时期）

陶鬲（夏时期）

石镞（夏时期）

陶鼎（夏时期）

陶尊（夏时期）

铜片（夏时期）

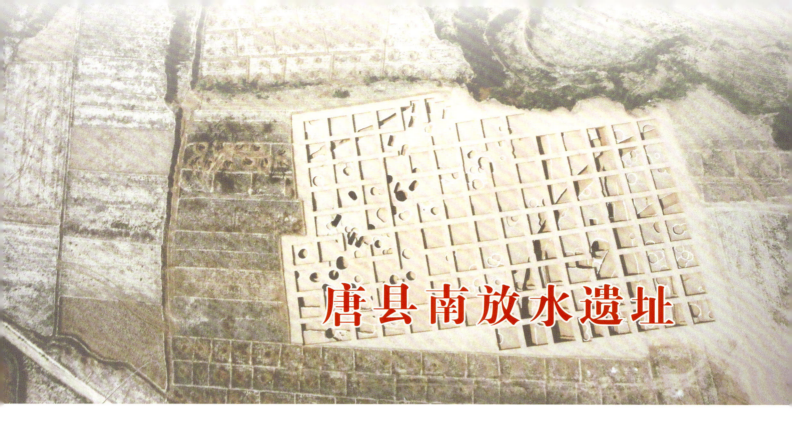

唐县南放水遗址

　　唐县南放水遗址位于唐县东北 15 公里，南距高昌镇 2.5 公里。遗址坐落的台地西倚太行山余脉——庆都山，北临放水河，现存面积 2 万平方米。吉林大学边疆考古研究中心于 2006 年 4 至 7 月对该遗址进行考古勘探、发掘，揭露面积 3125 平方米。按发掘区文化堆积状况及出土遗物的差别，可分为夏、西周和东周三个时期的遗存，以西周时期遗存最为丰富。

　　夏时期遗存仅发现完整的灰坑 1 座，出土的陶器有夹砂灰陶细绳纹敛口瓮、侈口束颈鼓腹罐和弯月形石镰。另外，个别探方的早期堆积中发现的内勾平沿蛋形瓮、深腹豆、蘑菇状器纽和锥状实足跟等，也属于这一时期的遗物。南放水夏时期遗存与相邻的北放水遗址夏时期遗存及下岳各庄一期、塔照一期遗存文化面貌相似，应属于性质相同的考古学文化。

　　西周时期遗存，共清理灰坑（窖穴）163 个、墓葬 13 座、灶址 2 处。灰坑坑口有圆形、椭圆形、长方形，坑体有直壁筒形、斜壁倒梯形、直口袋形、锅底形和二层台结构等多种形式。其中，发掘区西部发现的一组圆形灰坑坑壁多经人工修整，有的坑底垫有黄褐土掺红烧土末，平坦而坚硬；有的坑底见有疑似柱洞的圆窝；有的坑底存留有完整陶器。从平面布局来看，其排列一直延续到发掘区以外，应该是一组或多组窖穴群。墓葬位于发掘区西部，基本为东北—西南方向，土坑竖穴，有二层台的占一半。绝大多数墓底有腰坑，殉狗现象普遍。从残存的板灰分析，葬具一棺一椁者少，有棺无椁者多，个别板灰和人骨上还残留有红色漆皮。葬式均为单人仰身直肢，年龄在 25 岁至 40 岁，属正常死亡。随葬品主要有陶器，还见有陶圆饼、石牌饰、海贝等。这一时期的陶器以夹砂灰陶和红褐陶为主，次为泥质灰陶，有少量的黑皮陶。器表多饰粗绳纹，一般纹理较深，拍印清晰。从器形来看，灰坑中出土的宽折沿低裆乳足鬲、方唇矮领鼓腹罐、敞口深折腹雷纹簋，墓葬中出土的斜直领折肩弦纹罐、敞口折肩绳纹罐、带扉棱的折沿平裆鬲等典型器类，明显具有西周文化的特征。相比较与满城要庄、邢台南小汪、葛家庄和磁县下潘汪、界段营等遗址同时期遗存文化面貌基本一致，与长安张家坡、客省庄西周墓葬出土陶器也很相似。

东周时期遗存，清理灰坑 22 个，灰沟 2 条。灰坑形态以圆形或椭圆形直壁平底为主，个别灰坑口径大，坑体深，坑壁留有夯土板筑痕迹，填土可分层。2 条灰坑平行位于发掘区东部，南北走向，剖面呈倒梯形，发掘区内清理长度 35 米。此期陶器以泥质灰陶细柄豆、碗式豆、折沿盆、夹蚌折沿平裆乳足鬲和泥质黑皮陶弦纹盂等为典型器，其中细柄豆和粗绳纹鬲陶片出土的数量最多。文化性质属燕系统。

南放水航拍片 1

　　唐县南放水遗址地处太行山东麓北部，这一地区以往西周时期的考古是一个薄弱环节，即墓葬和遗址发掘不均衡，尤其缺少大面积遗址的发掘，同时资料报道也不够完整、系统。为此，该遗址西周时期遗存的大面积揭露是本次发掘的主要收获，就其学术意义提出四点认识：第一，立足本次的发掘资料，结合相关遗址层位和器物形态分析，确立以陶器为标尺的分期与编年，将推进太行山东麓西周文化年代学研究。第二，通过遗址西周遗存揭示的诸多遗迹现象分析，特别是窖穴群排列、组合及功能的考察，可以丰富对西周文化聚落的认识。第三，针对以往研究中的薄弱环节，充分利用各种科技手段，对本次发掘所搜集的人骨、动物骨骼和各种人工遗物进行检测，最大限度地获取人种类型、遗传性状、经济形态及环境背景方面的信息，为开展多学科综合研究提供帮助。第四，太行山东麓的西周文化是周人向东扩张在原商人领地上发展起来的，与关中地区典型周文化比较，存在着地域上的差别。南放水遗址的发掘，对于认识西周时期周人与商遗民的关系以及其文化因素反映的与北方诸文化关系，解读西周文化历史地位的确立和区域研究具有十分重要的意义。（朱永刚，《唐县南放水：夏周时期遗址发掘报告》，文物出版社，2011年。）

灰坑 H71（西周）

墓葬 M1（西周）

灰坑 H57（西周）

石镰（夏时期）

陶鬲（西周）

陶鬲（西周）

陶瓮（夏时期）

M6 出土陶器（西周）

陶鬲（东周）

唐县南固城遗址

唐县南固城遗址位于唐县高昌镇山阳乡南固城村东北 500 米冲沟北侧的台地，台地现高约 1.6—4 米，面积约 25000 平方米。南水北调渠线从台地东侧边缘穿过。2006 年 4—7 月发掘，发掘面积 1020 平方米。

地层堆积：第①层：灰黄色土，厚 0.05—0.16 米；第②层：黄褐色土，厚 0.12~0.23 米；出土铁削、铁铲等铁器及板瓦、釜、盆、碗、罐、瓮等陶器残片，该层下发现灰坑 3 座；第③层：灰褐色土，厚 0.3—0.38 米，出土遗物与第②层同，器形也基本一致，该层下发现灰沟 1 条。

发现的遗迹有灶址 3 座、灰坑 100 座、灰沟 11 条、水井 1 眼。灶呈椭圆形，有与灶相连的灰烬坑。灰坑形制有圆形、椭圆形、圆角长方形及不规则形几种。灰沟主要为南北向，部分沟有东西向的支沟贯通。初步分析，它们可能与此地的排水相关。水井为圆形坑状，深 7.73 米。出土遗物有陶器、铜器、铁器和石器及少量的骨器等。

出土遗物，陶器主要器形有罐、盆、甑、瓮、碗、釜、圆炉、纺轮等。另出土数量较多的陶片，多系板瓦、陶片打磨而成。除圆炉内的支钉为手制粘接外，其余器形均轮制。铜器有盖弓帽和铜钱。出土铁器 57 件，有铲、锸、镬、镰、铚、斧、锛、削、刀、锥、钻、凿等，大体包括农具、手工工具及日用铁制品等几大类。

根据地层堆积、遗迹分布情况和出土的遗物，本发掘区分为三期：一期为西汉中晚期，二期为新莽至东汉早期，三期为东汉中晚期。该遗址之西即南固城村内原有一座古城，面积约 1 平方公里，现村内还可见城垣残迹，遗址所在台地位于古城址之东。南固城遗址的发掘有助于了解该城的性质和年代等问题，并且为进一步研究汉代该地区的考古学文化面貌充实了资料。

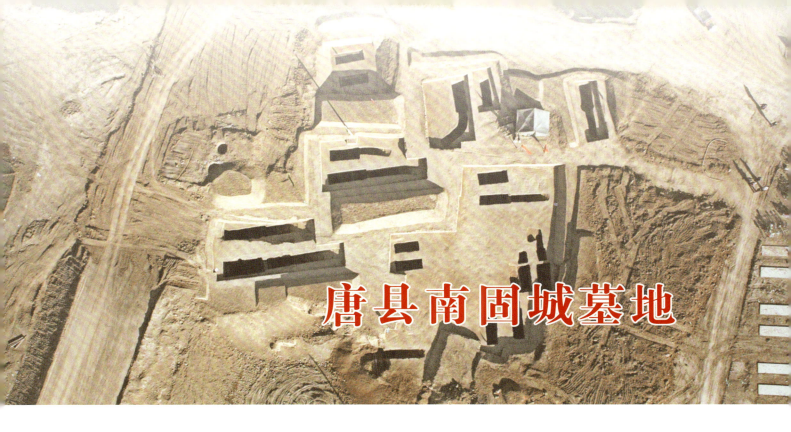

唐县南固城墓地

　　唐县南固城墓地位于唐县高昌镇南固城村东南，2006年10月初，南水北调施工过程中发现该墓地。同年10—12月，河北省文物研究所对该墓地南水北调渠线所涉及的部分进行了抢救性考古发掘。共清理墓葬108座。其中汉墓99座，宋、金时期墓葬9座。

　　汉墓有砖室墓、土坑墓、积瓦（石）墓等多种形式。砖室墓最多，从平面上看，除少数为不带墓道的长方形外，大多为墓室一侧或中部带墓道的刀形或"凸"字形墓。部分墓葬（时代较晚者）的墓道与墓室间有直壁券顶的甬道存在。砖室墓的墓室除一座平面为梯形外，其余均为长方形。墓底大多有铺地砖一层，铺法有"人"字形、席形、横直相间等多种式样。墓壁以一顺一丁和顺砖错缝平砌者最为常见。墓顶大多被破坏，从现有情况看，除大部分为券顶外，还有一种直接在墓壁上搭木板为顶者。土坑墓也占一定的比例，亦有带墓道和不带墓道的区别，无墓道者通常墓壁处有脚窝存在，部分土坑墓底部有铺砖的现象。积瓦（石）墓仅有少量几座，此类墓均带有墓道，其墓壁由泥瓦片、陶片、石块等筑成。值得关注的是，在一座高规格汉代砖室墓的壁及底部发现了彩色壁（地）画，其做法是先在砖上抹泥、白灰各一层，之后在白灰面上用颜料作画。由于保存不好，目前只能辨出简单的红、紫色线条。汉墓内的葬具，单棺者占绝大多数，也有极少量的双棺和一棺一椁者。人骨多保存不好，以仰身直肢的葬式最常见，偶见有迁葬者。随葬品有陶、铜、锡、铁、骨、泥、漆等质地，器形包括罐、壶、瓮、盆、盘、鼎、釜、甑、灶、井、圈、猪、狗、勺、耳杯、杯、镜、带钩、盖弓帽、管箍、车軎、当卢、衔、镳、弩机、铜钱、耳珰等，其中陶器可复原数百件，部分陶器尚有彩绘存在。从布局上看，汉墓的时代北部较早

唐县南固城墓地鸟瞰（局部）

（西汉），南部较晚（东汉），另外，汉墓布局上还有一个特点是大多墓葬两两并列成组，一组中的两座墓一般是一大一小、一男一女。

　　宋、金时期墓葬均为带墓道的圆形砖室墓（均被严重盗扰），部分墓葬墓壁处可见桌、椅、门等砖雕结构。此时期墓内仅出土有瓷碗、铜镜、铜钱等极少量遗物。

　　南固城汉代和宋、金时期墓地的发现证实，这里在两汉和宋、金时期是一处重要的平民墓葬区，结合南固城村内早期发现的城址分析，两汉时期的墓葬，应该与该城址具有关联，可能是城内居民墓葬区，随着城址的废弃而失去墓地的功能。宋、金时期，又成为了当地平民埋葬区域。因此，南固城墓地的发掘，为研究当地两汉时期墓葬形制的演变，宋、金时期的葬制、葬俗及相关问题提供了重要的实物资料。（孟繁峰，《"唐县南固城墓地"考古发掘完工报告》，2006年。）

西汉墓葬

M40 墓顶结构（西汉）

M40 墓室结构（西汉）

宋金时期墓葬

彩绘陶壶（东汉）

铜镜（西汉）

瓷碗（宋金）

铜当卢（西汉）

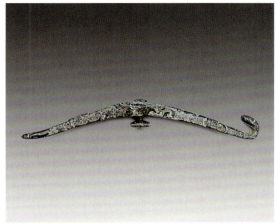

铜带钩（西汉）

铜镜（宋金）

瓷碗（宋金）

漆器（西汉）

唐县李家庄遗址

　　唐县李家庄遗址位于唐县李家庄村东，2006 年 8 月下旬，南水北调工程唐河三干渠倒虹吸地槽工程施工，使得一些古墓暴露出来。10 月 27 日，河北省文物研究所对李家庄遗址展开钻探和发掘，至 12 月 28 日结束，共抢救发掘古墓葬 46 座，出土陶、瓷、铜、铁等各类随葬品 276 件（组）。

　　发掘汉代墓葬 13 座，东晋、北朝时期墓葬 2 座，唐代墓葬 8 座，金代墓葬 15 座，元、明时期墓葬 5 座，清代墓葬 3 座。汉墓多为长方形砖砌单室小型墓，一般长度 3—5 米，宽度 2—3 米，墓底深度距地表 4—6 米，也有个别小型土坑墓。随葬器物有罐、碗、壶、魁、尊、案、盘、耳杯、勺、匜、盆、灶、井、奁、厕圈等陶器，铜盆、铁带钩以及五铢钱等

白瓷罐（唐）

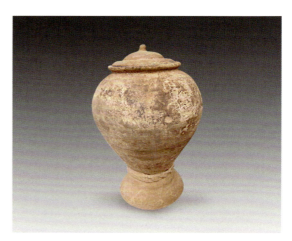

塔式罐（唐）

金属器，其时代大致自西汉后期至东汉。元、明时期墓葬皆圆形穹隆顶砖室，保存状况很差，出土瓷器皆碎。

铜盆（西汉）

这批墓葬的发现，清晰地反映了两汉至清代 1800 多年间一个区域小型砖室墓演变过程。自西汉后期长方形直壁券顶砖室墓至清代同样形制的砖室墓，中经东晋、北朝弧壁四角攒尖顶砖室墓、唐代穹隆顶圆形有柱分间仿木结构砖室墓、金代穹隆顶圆形无柱不分间仿木构砖室墓、明代方形券顶砖室墓，显示出清晰的变化轨迹。就其地域特征来看，不重壁画而采取砖雕方式的表现特征相当突出，而在饰墓方面强调多重院落、假门及高门重阁（4.63 米）为其地方特色。出土的随葬品，绝大多数属于日常生活常用必需品和设施，是研究当时社会生产、生活的见证。如唐、金墓所出的瓷器有些属于定窑产品，有的则属于有别于定窑传统的特色，为研究定窑瓷器提供了实物标本。（孟繁峰，《"唐县李家庄"考古发掘完工报告》，2006 年。）

唐县李家庄遗址

M1 门楼（金）

涞水西水北遗址

涞水西水北遗址位于涞水县涞水镇西水北村，遗址总面积约 150000 平方米。因取土或雨水冲刷形成的两条大沟将遗址分为四个区域，根据其地形，将其分别划分为南、中、北、西四区。南水北调干渠穿越南、北两区中部并跨越中区小部分。根据勘探结果，选择北区进行重点发掘。勘探面积约 60000 平方米，发掘面积 4125 平方米。

遗址全景

陶窑（战国）

　　出土遗存以战国时期为主，共清理遗迹 249 个，其中灰坑 223 个、灰沟 22 条、墓葬 1 座、陶窑 4 座（5 个窑室）。灰坑有两类，其一是当时人们利用低洼地堆积垃圾而形成，形状不规则，而且灰坑彼此相邻，又无打破关系，包含物有大量陶片、瓦片、石块。其二是人工挖掘的坑穴，基本为圆形、直壁、平底的筒形灰坑，堆积中包含物也比较丰富。灰沟有两类，一类是在自然冲沟内堆放垃圾，形状往往不甚规则，包含物较杂。另一类则是人工挖掘而成，平面形状一般为长方形。发掘墓葬 1 座，为圆角长方形竖穴土坑墓，墓室内仅有 1 具头骨，保存状况较差。陶窑 4 座分为三类，第一类，1 个窑室附带 1 个操作间；第二类，1 个窑室附带 2 个操作间；第三类，2 个窑室共用 1 个操作间。发掘出土遗物 420 余件，种类有陶器、玉石器、铁器、铜器和骨器等。陶器主要为鬲、釜、罐、杯、盆、豆、钵、碗、碟等，其中釜、豆、钵较多。陶工具主要是陶拍、纺轮以及制作纺轮的圆形陶片。除容器与工具外，还有数件穿孔陶器因其出土于陶窑附近并且与炉箅相似，推测是放置在火眼与火道上以控制火量及火焰流向的温度控制工具。建筑构件主要有板瓦、筒瓦及瓦当。玉石器有石斧、石锤、石镞、石璧、石球、石环、玉装饰品等。铁器有铁钩、铁钉、铁锥等。铜器包括锥、镞等。骨器仅有骨笄一种。

本次发掘清理了以灰坑和陶窑为主的大量遗迹，出土了大批遗物，极大地丰富了本地区的战国时期考古学文化资料。尤其是对 4 座陶窑的发掘，为认识古代的筑窑、陶器烧制以及火候控制等方面的技术，提供了重要实物证据。根据遗迹、遗物，尤其是大量制陶工具的发现，初步判断该遗址是一处以制陶为主的作坊遗址。同时，由于该遗址距离易县燕

建筑遗迹（战国）

陶窑 Y2、Y3（战国）

遗物出土情况（战国）

出土器物（战国）

制陶工具（战国）

控火器（战国）

陶釜（战国）

陶鬲（战国）

瓦当（战国）

瓦当（战国）

下都遗址仅数十公里，并且与燕下都遗址出土的同时期遗物有较强的一致性，推测它很可能是燕下都外围的一个陶器制作中心。（冉万里，《"涞水西水北遗址"考古发掘完工报告》，2006 年。）

涞水大赤土遗址

　　涞水大赤土遗址位于涞水县石亭乡八岔沟村东北约 80 米，拒马河西约 2000 米，属丘陵地貌。遗址分布在俗称"大赤土、玉皇顶"丘陵岗地东西两侧的中下部阶梯状台地，地表较为平坦。南水北调中线工程东西向穿过遗址。2004 年，曾在此遗址进行过探沟式试掘，根据前期调查及试掘资料，确定为新石器时代遗址。2006 年，再次对遗址进行发掘，发掘面积 3000 平方米。发现灰坑 39 座、沟 5 条、墙基 1 处。出土的陶器大多为器物残片。遗址出土、采集的生产工具除陶纺轮外均为石器，未见骨器。石器制作多依形打制，不注重石质硬度，第二步加工粗略，形制规整、磨制精良的器物不多，有一器多用的现象，反映出其制作技术较为落后。器类较为简单，以斧、锤、砍砸器等数量最多，铲、耜、磨盘、磨棒等农业生产和粮食加工工具较少，未见收割工具的镰，表明当时当地原始农业不甚发达，石球、石核等猎采工具占一定数量，但发掘过程中不仅未见骨器及网坠等捕鱼器具，也未发现兽、水族类遗骸。现有实物资料表明遗址居民少有甚至缺乏渔猎生产活动，其主要生业模式应是原始农业和采集。

　　作为生活用具的陶器，绝大多数是单一的夹云母陶，泥质陶极少。陶器均手制，局部有慢轮修整，焙烧控制火候的技能较低，器物多为一器双色或多色的"晕色"陶。器类有高领罐、敛口钵、钵形盘豆、盆、杯等。带耳、鋬器较多，不见三足器，从个别陶片表面残留的烟炱分析，炊具应为高领罐或盆。钻孔陶片，形制多不规整，没有修磨使用痕迹，圆形和半圆形陶片、边缘有锯齿陶片，不具备作为生产工具的基本特征，可能为儿童嬉戏品。接捏抹痕较明显的手制制陶技法，较单一的陶质，简单的器类，以及火候控制不佳的

遗址全景

遗迹（遗物）测绘

遗物出土情况（新石器时代）

焙烧方式等，均体现出遗址居民制陶技术相对较为粗略落后。

遗迹发现不多，灰坑和灰沟多数利用的是自然地表洼坑或自然冲沟，形制不规则，或深或浅，大多出土遗物不丰富。H2，开口②下，东西长 1.00 米，南北宽 0.96 米，深 0.24 米。平面呈不规则形，坑壁近直，近圜底，底部高低不平。填土呈灰黑色，出土有夹云母褐陶圆形纺轮 1 件，夹云母红褐陶扁条状半环形器耳 1 件，夹云母灰褐陶壶（罐）口沿残片，夹云母红褐陶、灰褐陶器物残片。G4，开口③层下，东北—西南向，宽 0.32—1.28 米，深 0.14 米。直壁平底。沟内填土呈灰褐色，较致密。出土陶器残片均为夹云母陶，陶色多红褐、褐色和灰色，器形有双耳高领罐、钵、豆等，器表均素面。石器为残断或半成品，并有细石器凹底三角形镞 1 件。此次发掘未发现房址，就少数灰坑中大量烧土块堆积而言，应是房址或窑址建筑废弃、破坏后所为，综合石器、陶器制作等因素，遗址居民应有较为稳定且有一定规模的生活住所。

大赤土新石器时代遗址出土的陶器大多为器物残片，可复原的器物不多，但所反映出的文化面貌在太行山东麓的保定北部地区较特殊，对比周邻地区的考古资料，其文化面貌与昌平雪山一期文化、蔚县三关遗址三期遗存、阳原姜家梁墓地、赤峰大南沟墓地文化面貌相近似，高领罐、豆、钵等同类器物基本相同或相似，应属同一考古学文化系统。（任亚珊，《"涞水大赤土遗址"考古发掘完工报告》，2006 年。）

石球（新石器时代）

石斧（新石器时代）

石斧（新石器时代）

石镞（新石器时代）

陶豆（新石器时代）

双耳罐（新石器时代）

容城薛庄遗址

　　容城薛庄遗址是南水北调工程天津干渠范围内一处重要遗址，位于容城县西北部的八于乡薛庄西南约 1000 米，西北距南河照村约 1000 米处，南距津保公路约 300 米。发掘面积 3500 平方米，勘探面积 2000 平方米。该遗址发现三个时期的文化遗存。（一）商代遗存，共清理商代灰坑 22 座，小型竖穴土坑墓 2 座。灰坑多圆形平底或为锅底状浅坑；墓葬不见有二层台和腰坑。出土遗物多为夹砂屬蚌末褐陶、灰陶和泥质灰陶器物残片，器形以鬲、罐、盆口沿、鬲足、簋圈足残片及器物碎片，器表纹饰均为绳纹，以中粗绳纹为主，粗绳纹、细绳纹极少。鬲均宽折沿，沿面多有一周浅凹槽，多方唇或圆唇，少尖唇，个别唇面有一周凹槽，矮裆，足分无实足跟和有实足跟两种，以前一种居多，无实足跟袋足矮裆鬲，口径大于器高，呈扁方或近方体，器表饰中粗绳纹，其时代为晚商时期。（二）战国时期遗存，发现战国时期文化层，清理灰坑 3 个，地层和灰坑中出土遗物均以泥质灰陶居多，夹蚌红陶、灰陶极少。器形有罐、豆、盆、瓮等，器表饰绳纹、弦纹或弦断绳纹。（三）汉代墓 42 座，除 1 座小型竖穴土圹墓外，均为砖室墓。虽经早年盗扰，墓壁、铺地砖残存无几，部分破坏殆尽，但墓葬形制保存基本完好。有单室墓（长方形竖穴、刀把形、凸字形）、双室墓（墓道开在一侧或开在中间）、三室墓和组合式墓四种类型，形制结构不甚规范，具有一定地方特色，其中一座墓葬以侧面有花纹子母口砖砌就，三座墓残存简单的彩绘痕迹。墓葬排列有一定次序。随葬品除鸡、猪、狗、磨等小件器物外均为残碎片。陶器绝大多数为泥质灰陶，器形有罐、奁、仓罐、仓房、盘、灶、耳杯、案、甑、釜、圈厕、灯、水斗、磨、樽、勺等，礼器有鼎、簋，陶俑有舂米俑、骑马俑、舞人俑。个别陶俑残留有白陶衣和或红或黑彩绘痕迹。夹蚌灰陶仅见罐、瓮。金属器有"昭明"铭文镜、铁犁。铜钱数量不多，钱文有"大泉五十""货泉""五铢"三种。五铢钱为典型的东汉五铢。骨器有骨簪等。汉代墓葬依据墓葬形制、结构、建筑材料、出土随葬品基本器类组合及特征分析，墓群时代上限为西汉末期，下限为东汉时期。薛庄遗址的发现为拒马河下游地区的考古学研究提供了新的实物资料。（乔登云，《"容城薛庄遗址"考古发掘完工报告》，2006 年。）

容城北城村遗址

　　容城北城村遗址位于容城县容城镇（县城）北偏东约 2 公里，北城村南约 1.4 公里，容城镇至北城村一条简易公路的东侧，西南距包含新石器时代早期磁山文化遗存的上坡遗址约 3 公里。2006 年 4—7 月，为保障南水北调天津干渠工程建设，对北城村南遗址进行了发掘。

　　发掘区位于遗址的西南部，是遗迹、遗物分布最为集中的地方。发掘区正中有一条大致呈南北向约 50 厘米高的陡坡，以此陡坡为界，发掘区被分成东西两部分，两个部分地表均近乎水平，但二者之间存在明显高差，即东部比西部地势约高 50 厘米。东部因地势较高，保存的文化堆积也较厚，平均厚约 1.15 米，划分有 5 个大的地层。西部地表因低于原地面，即上部被挖掉而使地表降低，因此文化堆积也较薄，除少数探方保存有 3 个文化层外，基本上只仅存 2 个文化层，即位于文化堆积顶部的金、元等文化层，以及少量上部新石器时代文化层已不存。

　　以 T0111 南壁剖面为例，第①层，为耕土层。第②层，金、元及明清文化层。厚约 30—40 厘米。浅暖褐色土，土质较疏松，内含碎青砖渣和青砖块。遗物较多，出土大量青、白、黑、酱黄、青花瓷片和釉陶片，以及个别青铜、玉和石器等。此层下开口沟 4 条、井 2 眼，灰坑 4 座、元代墓葬 1 座，共 11 个遗迹单位，其中沟、井和墓葬属元明时期。第③层，新石器时代文化层。厚约 15 厘米。红褐色土，较致密，东部高台上各探方均匀分布，西半部仅 5 个探方有少量分布。包含有稀疏的炭渣、草木灰和烧土粒等，出土少量泥质红、灰陶，夹砂红、灰陶残片。此层下开口房址 11 座、沟 1 条、灰坑 33 个，共 45 个遗迹单位。第④层，新石器时代文化层。厚约 20—25 厘米，暗褐色土，致密，夹炭渣、草木灰、烧

房址 F2（新石器时代）

房址 F3（新石器时代）

土粒，各探方均分布。出土泥质灰陶、红陶、夹砂灰陶、夹云母红陶。此层下开口房址4个、沟1条、灰坑45个，共50个遗迹单位。第⑤层，新石器时代文化层。厚约20—25厘米。浅褐色土略呈灰色，土质致密，夹较多白色颗粒，包含少量烧土粒及炭渣，各探方均分布。遗物极少。

发现的遗迹包括房址、灰坑、灰沟、井、沟五类。

房址，15个。均为半地穴式，长方形或不规则长方形，门道有三种，即斜坡式、阶梯式和竖穴式。门道的方向不一致，但多大致朝西、南或东，个别朝东北方向。房址大小一般长约3.5、宽约2—2.5米，地穴深0.6—0.9米。门道宽约0.7米。F1位于遗址西部，开口于第④层下，打破第⑤层和生土。半地穴式，房平面略呈"凸"字形。平面大致呈长方形，不很规整，间宽约5.8米、进深3.15米，深0.9米，门向270度。房间正中略偏东南分布很厚的灰烬层、烧土遗迹及陶支架，当为火塘所在。火塘位置略低于周围地区。室内南部有5个柱洞。东面和北面有平台，平台上有9个柱洞。门道位于房西壁中部偏北，朝西开，为长条形斜坡式，门道北壁有6个柱洞。门道长4.9、宽1—1.3米。

灰坑，82个。灰坑坑口平面多为圆形或椭圆形，少量形状不很规则；坑壁分直壁、斜壁或弧壁两类；坑底多为圜底，少量平底。灰坑中填土多含红烧土、炭渣和较多的草木灰，

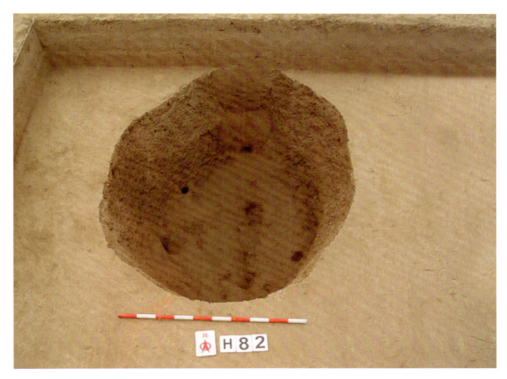

灰坑 H82（新石器时代）

土色呈灰黑色，土质较疏松。坑内包含遗物丰富，主要是泥质、夹云母红陶、灰陶和褐陶片。H22 位于发掘区中部，开口于第④层下，打破第⑤层和生土。坑口平面呈椭圆形，斜弧壁，圜底较平。坑口长径 1、短径 0.85、坑深 0.45 米。坑内填土呈灰褐色，较致密，含红烧土块、炭渣。出土大量陶片，主要为泥质、夹砂红陶，也有少量夹云母红陶和泥质灰陶，器形有釜、盆、钵等。H46 开口于第④层下，打破第⑤层及生土。坑口平面呈椭圆形，斜壁圜底。坑口长径 3.16、短径 2.3、坑深 1.02 米。坑内填土为灰黑色花土，土质较密，夹杂有红烧土块、草木灰和炭渣及石器和大量陶片。石器为石斧，陶片有泥质、夹砂红陶、褐陶。

灰沟，6 条，其中 4 条开口于第②层下，1 条开口于第③层下，1 条开口于第④层下。G6 开口于第④层下，位于发掘区中部北沿，向北延伸至发掘区外。长条形，略微弯曲，不很规则。发掘部分长 2.4、宽 0.8、深 0.18 米。沟内填土为红褐色土，较致密，含炭渣和钙化固体颗粒。未见陶片等遗物。根据地层及包含物分析，属新石器时代。

井，3 眼，均圆形直壁深井，井口平面呈圆形。井内堆积包含较多的青砖渣、礓石和炭渣，包含较丰富的青、白、青花等多种瓷片，也出土少量红陶片。

墓葬，1 座，位于发掘区东南角，开口于第②层下。墓葬平面呈圆形，土坑竖穴，墓壁直，墓底平。墓葬因盗掘已被完全破坏。据层位关系、墓葬形制与青砖特征判断，该墓似应属元代。共出土石、陶、青铜、瓷等各类遗物 5000 余件（片），其中石器 100 余件，复原陶器 18 件，陶片 5000 余件，青铜器 1 件、瓷片数百件。

石器，均为生产工具，器形以斧、磨石、磨盘、磨棒为多，也有杵、锥、镰、石叶、石球、砍砸器等。均出土于新石器时代文化层及其遗迹。

陶器，基本上是生活用具。陶器质地以泥质陶为主，约占 61%；夹云母陶次之，约占 38%；夹砂陶仅占不到 1%。夹砂陶基本上是夹细砂，砂粒细小均匀。泥质陶为经淘洗的细泥陶，钵类泥质陶器胎极薄。夹云母陶一般是炊煮器，器胎中均匀地掺和大量白色的云母片。陶色基本上分为三类，总体上以红陶为主，约占 46%，灰陶和褐陶各占 27%。另有极少量黑陶。陶色与质地的分配很不均匀，泥质陶中，红陶为主，约占 65%；灰陶次之，约占 33%；褐陶很少，仅占 2%。夹云母陶以褐陶为主，约占 67%；红陶和灰陶比例相近，分别约占 17% 和 16%。夹砂陶中，只有红陶和褐陶两种，主要是红陶，约占 93%，灰陶仅占 7%。泥质陶主要是碗、钵、壶、瓶等器类，夹砂陶主要是罐等器类，夹云母陶主要是釜、鼎等器类。陶器除部分器盖上饰有指甲纹或楔点纹外，均为素面陶，不

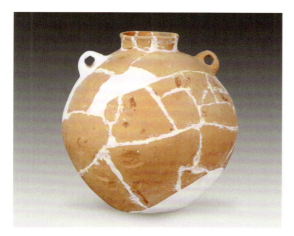

双系陶壶（新石器时代）

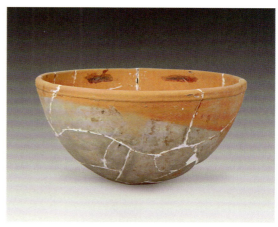

陶盆（新石器时代）

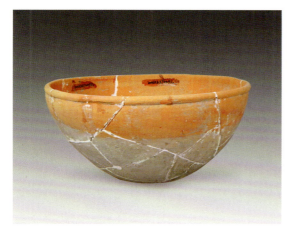

陶盆（新石器时代）

陶碗（新石器时代）

陶盆（新石器时代）

陶支脚（新石器时代）

见彩陶。泥质陶器表多经磨光加工，十分光滑。红顶碗、红顶钵、红顶盆占相当大的比重。陶器制法基本上是手制，极少量轮制，不少有慢轮加工的痕迹。部分器内壁见有工具刮、抹遗留下的痕迹。器形比较规整，但并不完全对称。烧制火候不很高，陶质较酥软。器型多圜底器、平底器，三足器较少，不见圈足器。陶器种类有釜、鼎、罐、壶、小口瓶、盆、钵、碗、器盖、支座、纺轮、环等。据可辨器类统计，绝大部分是炊饮器，其中釜、钵占较大比例，鼎、罐、瓶、支座较少，另有几件陶环。

小口壶均为泥质红陶，小口、直领、宽肩、深腹、平底、双系壶，器较厚重，壁较厚。分两种类型，一类为双系耳，另一类为双腹耳。系耳位于器颈与器腹之间的肩部，弓形，上部加大形成较锐的角，正面较窄。腹耳应位于器腹部，位置较肩耳为低，弓形，耳较大，正面较宽。

钵基本上为细泥红陶或灰陶，即上部红色下部灰色的红顶钵，仅个别颜色较深近似黑陶。器壁薄，表面经打磨加工。敞口，圆唇或近尖唇，部分有外翻的小沿。斜腹，圜底或小平底，部分底部有一凹圈。

支座分两型，I 型，体较大，顶部呈圆形，中部中间有一椭圆形大孔，底部呈椭圆形。II 型，顶部残，身较直，中部无孔，底部椭圆形，外侧面饰以由刻划直线组成的方格纹。

环数量很少，可能属于装饰品。

北城村南遗址地层关系总体上比较清晰，地层分布齐整，主要包含金、元、明时代和新石器时代中期两个阶段的文化遗存。新石器时代文化遗存的发现是这次发掘最重要的收获。北城村遗址出土陶器特征明显，包含有多种文化因素。与本地区其他新石器时代中早期文化比较，虽然距离上坡遗址只有几公里远，但两者相关因素并不明显，北城村新石器遗存中与上坡新石器早期遗存最接近的是陶支架，但两者形制完全不同，因此两者之间应不属于同一文化系统。从陶器组合特征看，北城村遗址文化面貌较接近于后冈一期偏早阶段。北城村新石器时代遗存出土陶器以釜、钵、碗、小口双耳壶、盆为基本器形，另有少量鼎和支架。后冈一期文化则以釜、支架为炊器，小口壶为饮器。后冈遗址下层遗存表现在陶器方面的基本特征是，以素面陶为主，含有部分彩陶，以鼎、壶、钵为基本组合。如果北城村新石器文化遗存与后冈一期文化属于同一系统，那么由于北城村遗址并无彩陶出现，而鼎似乎也才刚刚出现，仅占极小的比例，因此似乎要更早于后冈一期文化，因此很可能处于向后冈一期文化过渡的阶段。北城村新石器文化圜底釜、小口双耳壶、敞口红顶钵，偶见鼎，不见彩陶的特征，也在易县北福地遗址甲类遗存中流行，两者应有较紧密的关系。后冈一期文化的年代距今约 6600 年，据此推断，北城村遗址的时代应大致与其相当或略早。北城村新石器时代文化遗存的发现，为冀中平原乃至华北地区新石器时代中期文化发展演变提供了新的材料。由于其包含有多种文化因素，将有助于推进这一地区新石器时代中期不同文化之间相互关系的研究。（肖小勇，《北城村——冀中平原的新石器时代文化》，科学出版社，2014 年。）

唐县高昌墓群

　　唐县高昌墓群位于唐县高昌镇高昌村唐河两岸。1982年，被当地政府公布为县级文物保护单位。1990年，为配合西大洋水库引水工程，曾经对高昌墓群考古调查、勘探发现的30余座战国和汉代墓葬进行了发掘。2002年和2004年，为编制《南水北调工程（河北段）文物保护专题报告》两次对高昌墓群进行调查和复查。2006年5—10月，对高昌墓群进行勘探、发掘。勘探面积50000余平方米，发掘古墓葬131座。其中，战国时期土坑墓7座，西汉时期土坑墓92座，两汉砖室墓20座，北朝至隋代砖室墓6座，宋代砖室墓1座，清代土坑墓1座，年代不明墓葬4座。出土陶器、铜器、铁器、玛瑙器、瓷器、玻璃器、漆器等遗物710余件（套）。

　　战国墓系该地区常见的"宽短"型竖穴土坑墓，也是商周时期北方地区传统竖穴土坑墓葬形式的继承和延续，连同夯打的填土、木质棺椁结构、棺椁下使用的垫木、随葬品多放置棺椁之间，以及个别墓葬仍保留有壁龛等做法都为早期墓葬所流行。随葬陶器常见的鼎、豆、壶、盘、匜、罐等，多非实用的随葬明器；其他随葬器有铜或铁带钩、铜璜形饰、铜铃、滑石璧、玛瑙环等；骨器有贝壳、骨管等。从陶器组合上与中山古城遗址战国中晚期随葬品相类似，在器形演化方面，相对于战国早期具有简化的趋势，因此，该地区的战国墓的年代应为战国中晚期。

　　两汉时期墓葬是该墓地的主体，共112座墓葬。大致可分为西汉早期、西汉中期、西汉晚期、西汉末到东汉早期和东汉中晚期五个时期。两汉时期墓葬又分为土坑墓和砖室墓两种。土坑竖穴墓，填土多经过夯打，夯层厚15—20厘米。墓葬方向以南北向居多。葬具多为木质棺椁，有一棺、一棺一椁和一椁二棺几种。稍大型墓葬都是一椁一棺或一椁二棺，较小型墓葬为一棺，并多见生土二层台。随葬品多葬于棺椁之间，或棺与二层台之间。随葬品以陶器为主，器形种类有鼎、壶、罐、碗、盆、瓮、奁、俑、马、狗等；铁器有带钩、刀、舌、攫、镉钉、工具、双股铁器等；铜器有带钩、半两钱、五铢钱、印、铃、指环等；玉石器有玛瑙环、珠等；漆器有盘、耳杯、盒等；骨器有棋子、骨珠、条形饰件等。随葬陶器鼎、罐内常见有放置食物的习俗，所见一般是在鼎内放鸡、鱼，在较大的罐内有粮食朽痕。另外，陶器中的鼎、壶、俑、马等器物施三角纹、云气纹、弧线纹、圆圈纹等装饰彩绘。砖室墓分无墓道砖室墓、单墓道砖室墓、双墓道多室墓以及刀形砖室墓几种。墓室

高昌墓群全景

M23 墓室头箱出土器物（西汉）

陶壶（西汉）

陶壶（西汉）

多呈长条形，墓室多为平顶式，即在砖室两长壁上横搭木板或木棍作承托，在其上再铺两
层平砖。有的墓葬还有耳室。随葬品与土坑墓组合相仿。其中一座随葬品丰富，有陶罐、盆、

陶壶（西汉）

盘、楼、仓、灶、井、院落、案、耳杯、釜、甗、勺、灯架、五铢钱等。其中陶楼屋檐上的圆形云纹瓦当和假窗等的模型构件制作较为精细，反映了该时期的特点。

两汉时期墓葬从墓葬形制、器形演变、出土钱币对应的年代关系来看，可分为五个时期，其年代分别相当于西汉早期、西汉中期、西汉晚期、东汉早期、东汉晚期。

北朝至隋时期的墓葬多被盗扰，其中一座墓葬较长，分三个较高的台阶，阶面平缓。墓室近梯形，东西两壁稍外弧。砖室南面直壁。出土遗物有灰陶小口罐、灰陶宽平折沿盆、红陶碗、红陶折沿盆、红陶厚胎罐以及铁器残件等。

宋代墓葬发现一座，为南向单斜坡墓道圆形砖室墓，台阶墓道，甬道较短。圆形墓室，墓室北半部为生土棺床，砖覆面。随葬品皆为瓷器，以白瓷碗为主，另有白瓷枕、酱釉缸等器物。

高昌墓群墓葬较多而集中，是一处内容比较丰富、时代比较清晰的古墓葬群，其中以战国时期的墓为最早，西汉早期的土坑墓为最多，同时也有西汉中后期的砖墓、东汉砖墓、北朝至隋、宋、清等时期墓葬。清晰的墓葬年代表明高昌一带至迟在汉初已形成较大规模的定居村落。而且在墓葬的形制演变方面，从战国时期的土坑墓到汉代早期的土坑墓再到西汉中后期砖墓、东汉砖墓等，无论从墓葬形制、棺椁制度还是葬俗、葬品等方面都有着比较明显的继承性，不仅是研究其前后变化的第一手资料，也是研究墓葬发生时代人们生存、生活状况等的重要资料。同时也有助于周边地区特别是河北中南部地区同时代墓葬的对比研究。在西汉中后期砖室墓中，发现了几座用木板盖顶再平铺两层砖的少见形制，而且还发现有较大的木椁，木板盖顶同时也是木椁的顶板。再者，墓群中存在的北朝末至隋代墓

M62 陶俑出土情况（西汉）

M93 墓顶盖板（西汉）

陶罐（西汉）

陶豆（战国）

彩绘陶鼎（西汉）

陶鼎（西汉）

陶罐（西汉）

女侍俑（西汉）

彩绘陶驭手俑（西汉）

文字砖（西汉）

男侍俑（西汉）

铜铃（战国）

玛瑙环（战国）

滑石璧（战国）

骨六博棋子（西汉）

铜环（战国）

陶豆（战国）

陶鼎（战国）

铜带钩（战国）

璜形饰（战国）

铜铃（西汉）

铜铺首（西汉）

土坑墓（西汉）

葬虽然不多，但出土了具有一定规模的中型砖室墓葬，而且还发现有从墓室北壁掏洞成室，
这种砖室和洞室混合在一起的做法风格独特而且鲜见。隋代及其后的宋墓、清墓等如星星

般点缀其中，为高昌墓群增加了丰富的内容。这些不同时期和风格的砖墓都彰显出与汉代砖墓的较大差异，从其形制和随葬品等方面都可以反映出战国、汉到隋以至宋代跨越千余年历史该地区翻天覆地的变化。（王会民，《唐县高昌墓地发掘报告》，文物出版社，2010 年。）

土坑墓（战国）

M94 器物出土情况（西汉）

满城荆山墓地

　　满城荆山墓地位于满城县神星镇荆山村西北的台地上，北邻沙河，东南距满城县城、西汉中山靖王刘胜及其夫人窦绾墓约10公里。2005年8—9月，河北省文物研究所会同满城县文物保管所对遗址进行勘探发掘。勘探总面积8000平方米，发掘面积3000平方米。

　　遗址分Ⅰ、Ⅱ两个发掘区，Ⅰ区地层堆积较厚，表土层下有明清、战国两个时期的文化层，前者厚约0.2米，后者厚约0.4米。Ⅱ区表土层下即为生土。发现战国时期灰坑13个，汉代砖室墓8座，明清时期沟4条、灰坑1个。战国、明清两个时期的遗物均为残片。汉代遗物多能复原，包括罐、壶等陶器近80件，五铢、大泉五十、货泉等铜钱1600多枚，另外还有铜镜、骨簪、琉璃耳珰、铅扣形饰等。

　　墓地处于一山坳处的高台地上，北邻沙河，同时代的遗址在其西北，这一布局为我们研究当时墓地的选址及其与居址、周围环境间的关系提供了直接资料。荆山汉墓与东南相距不远的反映汉代显贵阶层的刘胜夫妇墓相比，其规模及出土遗物的丰富程度均有较大差别，反映了当时平民或略显殷实的地主阶层的死后埋葬情况。部分墓葬内出土文物之丰富，为同级别的墓葬所少见，尤其是6号墓内出土了近800枚铜钱和几十件陶器。反映了墓主人具有较高的社会地位，充分体现了汉代人视死如生、流行厚葬的习俗。所发现的4面铜镜中，有2面用料精良、铸造工艺精湛、造型优美，它们为深入研究当时的制镜工艺、书法艺术等提供了重要资料。（刘连强，《"满城荆山墓地"考古发掘完工报告，2005年。）

M9 墓室结构（西汉）

M2 遗物出土情况（西汉）

满城东榆河靳辅家族墓地

  满城东榆河靳辅家族墓地位于满城县石井乡东榆河村南 1000 米，东距满城县城 7.5 公里。墓地地势东高西低，东面依托海拔 316 米的抱阳山，界河从西向南环绕墓地。南水北

图 1

调工程从墓地中间穿过。2006 年，对墓地进行抢救性发掘。

共发现墓葬 15 座。墓葬大部分被盗扰，从形制上可分为两大类：土圹竖穴砖石双室墓及多室并穴葬墓和土圹竖穴单人墓，前者又分砖室券顶墓和砖室平顶石板墓。大部分无墓道。砖室墓先挖出方形或长方形竖穴土圹，再用砖砌出东西向长方形墓室，2 室或 3 室多至 5 室并列，少量在墓室与土圹之间用三合土填实夯打。土圹竖穴墓较为简陋。在砖室墓中，其中一座墓葬形制较为特殊，M1 为土圹竖穴砖室墓，墓穴东西长 6.5 米，南北宽 6.3 米，砖砌墓室，东西长 4.9 米，南北宽 3 米，通高 2.26 米，墓壁用砖平铺错缝顺砌 10 层后起券，墓顶为三伏三券顶，墓底平铺三合土，没有铺地砖。墓穴和砖砌墓室之间填充白灰，直至墓底，墓顶用青白瓷碗、酱釉瓷碗盛满白灰覆扣于墓顶之上，十分坚固，此种墓葬结构较为少见。此种墓葬形制，据说有"为官青青白白"的喻意。

据《满城县志》记载，该墓地为清朝河道总督靳辅的家族墓地。在墓地西南，发现方形建筑基址一座，边长 4 米，高 1.9 米，三合土夯筑，夯层厚约 0.1 米，据此推测该基址为

图2

图3

墓碑的碑座基础所在，在这里曾发现墓碑，其上记载靳辅父亲靳应选事迹。同时，在墓地曾有碑刻、华表以及石羊、石马等石象生，"文革"期间，这些碑刻及坟茔均遭到毁坏。靳辅，满族镶黄旗人，祖籍山东济南府历城人，其先祖随军徙辽阳，遂居于此地，清初，随八旗军入关。顺治九年（1652 年），以官学生的身份被授为国史馆编修，顺治十五年（1658 年）改任内阁中书，不久升为兵部员外郎。康熙元年（1662 年）又升任兵部职方司郎中，康熙七年（1668 年），晋升为通政使司右通政，第二年升国史院学士，充任纂修《清世祖实录》的副总裁官，康熙九年（1670 年）十月，改任武英殿大学士兼礼部侍郎，康熙十年（1671 年）被任命为安徽巡抚，康熙十六年（1677 年）三月，从安徽巡抚任上被提升为河道总督，官衔全称为"总督河道提督军务兵部尚书兼都察院右副都御史"。靳辅在出任安徽巡抚和河道总督期间，主张豁免田粮和提倡发展生产，"因民之力，教以生财之方"；参与了平定"三藩之乱"；大力节省驿站糜费；治河理念上，将黄河、淮河、运河视作一个整体，全盘考虑防汛、减灾、通航、漕运等事宜，疏浚淮河、黄河的入海口，使得水流畅通；使黄、淮、运分流，避免黄河漕运之险。死后，赐祭葬，谥文襄。三十五年，允江南士民请，建祠河干。四十六年，追赠太子太保，予拜他喇布勒哈番世职。雍正五年，复加工部尚书，入祀贤良祠。生前著有《治河方略》一书，为后世治河的重要参考文献。

靳辅家族墓地，依据地势，由东向西排列，排列最东端的墓葬 M1，应为靳辅父亲靳应选之墓，第二排墓葬 M14 形制与 M1 相同，推测可能为靳辅之墓，其他墓葬应为靳氏家族成员墓葬。靳辅家族墓地依山川地势，墓葬排列有序，应是昭穆之制的具体体现。靳辅家族墓的发掘，对于研究靳氏家族的历史功绩、清代家族墓地的昭穆制度以及葬式葬俗提供了重要资料。（贾金标，《"满城靳辅家族墓地"考古发掘完工报告》，2007 年。）

元氏陈郭庄东南遗址

元氏陈郭庄东南遗址位于元氏县殷村镇陈郭庄村南约 400 米。西距太行山余脉东贾山约 1500 米，南距潴龙河约 1000 米。南水北调中线工程东北—西南方向穿过遗址。2009 年 11 月进行了考古勘探和发掘。勘探面积 9000 平方米，发掘古代墓葬 29 座。

地层堆积　第①层，耕土层，含少量近代陶、瓷片，厚 0.15—0.22 米。第②层，明清时期文化层，土质较松软，厚为 0.13—0.2 米，全方分布。第③层，汉代文化堆积层，含汉代筒瓦残片及少量的陶片，层厚 0.38—0.45 米，全方分布。

共发掘古代墓葬 29 座。其中砖室墓 28 座，土坑墓 1 座。砖室墓中有单室墓 18 座，双室墓 5 座，多室墓 5 座。单室墓中整体呈甲字形的有 5 座，呈刀形的 12 座。东西方向的有 10 座，南北方向的有 19 座。

单室墓，墓道位于墓门北侧，平面为近长方形，斜坡状。墓室位于墓门南侧。平面呈长方形。墙砖砌法，为先铺好铺地砖，然后在铺地砖面上砌墙，砌法为二平一竖。甲字形的单室墓，墓道位于墓室北部，平面近长方形，底部为斜坡状。墓门位于墓道南部，连接甬道。墓门东西两壁用青砖砌制，两平一竖，交替砌成。弓形顶部起券。甬道高和宽与墓门相同。墓室位于甬道南部，平面近方形。随葬器物有：陶鸡、陶勺、陶盘、陶案、陶罐、铜钱、铜镜等遗物。

双室砖室墓，该墓为青砖砌制，南北向。由墓道、墓门及甬道、前室、后室组成。墓道位于墓室北部，斜坡状。墓门位于墓道南端，用封门砖封堵墓门，墓道与墓门相连，高度和宽度与墓门相同。甬道底部有铺地砖，铺法为纵横交替平铺。前室近方形，东南部和西南角处残留有底部墙砖。铺法为纵横交替平铺。棺床位于墓室西南部共二层砖，砌法同为纵横交替平砌。后室位于前室南部，由过道通向后室。后室形状近长方形，已被完全破坏。

多室墓由墓道、墓门、前室、后室门（过洞）、后室组成。墓道位于前室北部，平面呈长方形斜坡状。墓道北端有一步台阶。墓门位于墓道南端，与前室相连。前室平面呈长方形。后室位于前室南部，与后室门相连，呈长方形。底部用青砖东西向错缝平砌，仅东南角在11 层平砖上东西向砌几块竖砖。用砖规格同前室。大部为素面，少量绳纹。

陈郭庄东南墓地从墓葬形制和出土器物看，墓葬的时代为新莽至东汉早期，M11 的年代可能略晚，相当于汉魏时期。从墓葬之间不存在叠压打破关系来看，此处应为家族墓地。

陈郭庄东南遗址距常山郡故城很近，出土遗物的时代亦与之相近应具有一定的关系。通过此次发掘，对这一地区汉代陶器组合和烧制工艺、形制特点等有了较为明确的了解，加深了对这一地区汉代墓葬形制结构、埋藏习俗和各类别器物形制特点及制作装饰工艺的认识，为研究东汉常山郡故城遗址增加了新的资料。（郭京宁，《"元氏陈郭庄东南遗址"考古发掘完工报告》，2009 年。）

元氏赵村遗址

　　元氏赵村遗址位于元氏县殷村镇赵村东 200 米，太行山东麓平原地带，西北距常山郡故城址 1300 米，东距石武高速铁路 230 米，东南距元氏县城 6300 米。2009 年 10 月至 2010 年 4 月，河北省文物研究所对该遗址进行了抢救性考古发掘。发掘面积 2010 平方米。

　　遗址地层堆积基本连续分布。第①层，耕土层，厚 0.2—0.25 米；第②层，黄褐土，厚 0.25—0.35 米；内含少量磨圆度高的陶片和瓷片等。第③层，灰褐土，厚 0.7—0.85 米，土质较疏松致密，内含少量红烧土颗粒，出土有泥质灰陶筒瓦、板瓦残片等。

　　发现有灰坑、灰沟、窑址、水井、墓葬等遗迹。以灰坑为主，计 73 个，坑口形状有圆形、近圆形和不规则形三类。除少量为战国末期至西汉初期外，余皆属西汉时期。灰沟为不规则形浅沟。窑址为横穴式，系二次使用，下层窑址由操作坑、火膛、窑床组成；上层窑址在下层窑床的基础上垒筑，由操作坑、火门、火膛、窑床、烟孔及烟囱组成。操作坑为斜壁圜底状坑；火门呈"U"形，火膛平面呈三角形，窑床平面略呈半圆形，窑床表面平整；窑室顶部坍塌，两壁尚存底部，有较厚的青灰色烧结面，窑室北壁中部有用青砖垒砌的二个烟孔，烟孔直通平面略呈椭圆形的烟囱。整个窑室西部被现代取土沟破坏无存。根据形制及出土物推断窑址属战国末期至西汉初期。水井皆为瓦井，圆形土圹内以外壁绳纹内壁圆涡纹的板瓦层层叠砌，时代属西汉时期。

　　墓葬分土坑墓、瓮棺葬、瓦棺葬、砖室墓和土洞墓五类。土坑墓皆为小型长方形竖穴土坑墓，初步推断时代属西汉时期。瓮棺葬为使用釜作葬具，瓦棺葬则用板瓦为葬具，两者皆属西汉时期。砖室墓 2 座，一座为小型船形墓室，出土有白瓷碗和塔式罐；一座为带台阶式墓道圆形砖室墓，盗扰严重，仅残留底部砖壁，有简易的仿木结构，出土有塔式罐盖和"开元通宝"钱。根据出土物及形制初步推断属晚唐五代时期。土洞墓为带台阶式墓道长方形墓室，墓顶皆塌毁，葬具葬式不清，出土有铜钱及残陶器，初步推断属金元时期。

发现陶、铜、铁、瓷、石、蚌等类遗物数件，以陶器为主。陶器以泥质灰陶为最，器类有宽折沿方唇、下腹微折圜底釜；直口折腹平底碗；敛口弧腹钵，卷沿弧腹平底盆；碗形盖豆、浅盘豆；绳纹板瓦、筒瓦、窑具、圆锥形支钉及塔式罐等。另有少量夹砂（夹蚌）红陶窄折沿釜残件。铜器有铜钗、饰件及铜钱等；铁器有铁锛、铁带钩等；瓷器有敞口圆唇斜腹窄圈足碗一类。

赵村遗址地处常山郡故城址以东，遗址内发现了一批战国末期至西汉初期的遗存，遗址内发现的横穴式窑，提供了由升焰式竖穴窑算式窑向横穴窑床式窑过渡的重要实证材料；以尖圜底釜为葬具的瓮棺葬则是研究西汉时期瓮棺葬制的重要参照；宽折沿折腹圜底釜的发现，与赵国、中山国等出土的同类器相类似，为研究常山郡故城遗址文化内涵提供了重要实物资料。（徐海峰，《"元氏赵村遗址"考古发掘完工报告》，2009 年。）

元氏北程村遗址

　　元氏北程遗址位于河北省石家庄市元氏县殷村镇北程村西 300 米、赵村东南 500 米处，东隔红旗大街南延公路、石武铁路桥与北程村相望。遗址区地势平坦。南水北调渠线呈西南—东北方向穿过遗址区。2009 年 11 月—2010 年 5 月，河北省文物研究所对遗址进行了考古发掘。发掘面积 1050 平方米。

　　地层堆积较简单，共分五层：第①层，耕土层，厚 0.15—0.20 米；第②层，黄褐土层，厚 0.45—0.50 米，包含有瓷片、陶片等遗物。该层下发现有引水槽、灰坑、墓葬、陶窑等遗迹。第③层，黑褐土层，厚 0.25—0.30 米。包含大量器物残片及筒板瓦碎片。其下有灰坑、蓄水池、井、窖穴等遗迹。第④层，浅红褐土层，厚 0.35—0.40 米，较致密。包含少量散碎陶片。第⑤层，浅黄褐土层，厚 0.50—0.55 米，纯净，为次生土。

　　东汉早期文化遗存，发现灰坑 37 座、引水槽 2 条、蓄水池 1 座、井 5 眼、窖穴 2 座、灰沟 2 条、墓葬 2 座。遗物以瓦当、筒瓦、板瓦、砖等建筑构件为主，其次为盆、罐、瓮、豆、钵、甑、釜、炉、盘等器物，还有少量的陶纺轮、陶权、铁刀等。地层及墓葬中出土有"半两""五铢""货泉"等钱币。

　　此次发掘在四层下仅发现灰坑一座，出土遗物单一，主要是盆、罐、瓮等生活用品，说明该遗址东汉以前还处于人类活动较少的边缘地带；三层下发现了大量灰坑、水井、窖穴、排水沟渠、墓葬等，各种遗物也随之丰富，遗物以建筑构件筒瓦、板瓦、瓦当、砖为主，其次为生活用品的盆、瓮、罐、豆、钵、甑、釜、炉、盘等，其中以盆、瓮、炉最为典型，盆、瓮的体量较大，显示此时已成为人类活动的中心，是当时人类活动的重要区域；

二层下发现的部分遗存与三层下的遗存虽然在空间形态上存在早晚关系，但遗迹、遗物特征并没有太大差别，仅仅是人类活动的延续，其年代应与三四层为同一个时期。

根据出土的典型器物特征、器形演变规律判断，遗址存在的主要年代为东汉早期。从发掘所得的遗迹分布、遗物使用特征如水井、引水槽、蓄水池、体量较大的容器及调查发现的窑址等综合分析，该遗址的功能是一处手工业作坊的取水区，这处手工业作坊与大量用水有关，比如制陶作坊。通过对北程遗址发掘遗物与汉常山郡故城遗址采集遗物的对比，发现有许多遗物相同，如盆、瓮、炉等。因此遗址的人类活动应该与东汉时期常山郡故城有密切的联系，遗址的性质很可能是城外的一处手工业作坊区。元氏北程遗址的发掘，为今后开展以汉常山郡故城遗址为核心的城镇遗址研究、古城址文物保护利用提供了实物资料和参考依据。（徐海峰，《"元氏北程村遗址"考古发掘完工报告》，2009 年。）

元氏故城遗址

　　元氏故城遗址位于元氏县殷村镇故城村东北 300 米处，遗址西南约 400 米处为常山郡故城遗址。遗址南起小留村通往故城村的东西向水泥路，北到故城村通往殷村镇的西南东北向小路，总面积约 70000 平方米。南水北调渠线从遗址中心区南北贯穿。2009 年 11 月—2010 年 9 月发掘，发掘面积 4000 平方米，发现各类遗迹 342 个，其中包括灰坑 302 座、灰沟 20 条、道路 3 条、墓葬 10 座、井 2 眼、灶 3 座、窑 2 座。出土各类完整或可修复器物151 件，包括陶器、瓷器、铜器、铁器等。

　　遗址地层自上而下可分为 5 层。第①层，耕土层，厚 0.1—0.2 米。第②层，黄褐土，水平分布，为冲积层，此层叠压金元时期的墓葬；第③层，红褐土，厚 0.4—0.5 米，叠压隋唐时期的灰坑、墙基、路等遗迹；第④层，灰褐土，厚 0.3—0.4 米，包含大量陶片及砖瓦块，为北朝—隋代文化层；第⑤层，浅灰土，厚 0.2—0.4 米，包含大量炭粒，但遗物极少，为汉代文化层。

　　汉代遗存，遗迹比较单一，仅发现灰坑和灰沟两类。出土遗物以泥质灰陶为主，夹蚌红陶也占一定数量，纹饰以绳纹为主。器形按用途分为容器类、炊器类、建筑类、工具类。容器类有盆、碗、豆、罐；炊器类有甑、釜；建筑类有筒瓦、瓦当、井圈；工具类有纺轮、器座、陶拍。

　　北朝—隋代遗存，遗迹有灰坑、灰沟、窑址、灶址等。遗物有陶器、瓷器、铜器、铁器等。陶器以泥质灰陶和泥质红陶为主，纹饰以素面为主，少量弦纹、刻划纹等。器形以平沿斜腹盆为大宗，红陶碗也占一定数量。另有莲花纹瓦当、板瓦、筒瓦等。瓷器数量少，可辨器形有碗、钵、杯、瓶。

隋唐时期遗存，遗迹有灰坑、灰沟、墙基、井、墓葬、路、灶址等。遗物有陶器、瓷器、铜器、铁器等。陶器多为碎片，复原器物少，以泥质灰陶和泥质红陶为主，纹饰以素面为主，少量压印纹、弦纹、刻划纹等。器形以平沿斜腹盆为大宗，另有罐、瓮、碗等。另有大量建筑构件类陶器，如莲花纹瓦当、板瓦、筒瓦、砖等。瓷器数量很少，可辨器形有青釉饼足杯。铜器有铺首、残片等。铁器有刀、有孔器以及其他严重锈蚀的铁条等。

金元时期遗存发现 4 座墓葬。两座为土坑竖穴墓，另两座为圆形砖室墓，破坏比较严重，墓砖保留极少。出土酱釉双系瓷罐、小口瓶和泥质灰陶罐等遗物。

由于遗址邻近常山郡故城址，东汉时期，属汉代常山郡周边的聚落遗址。隋唐时期发现的遗迹有窑址、水井及瓦当、板瓦等建筑材料，所以可能是窑址作坊区。河北地区北朝到隋唐时期遗存多发现于冀南地区，在故城遗址北朝至隋唐遗存的发现，丰富了这一时段考古学研究的内容。（雷建红，《"元氏故城遗址"考古发掘完工报告》，2009 年。）

布方平面

常山郡故城东城墙

常山郡故城西城墙南段

常山郡故城东城墙夯土

汉代灰坑

隋代灰坑

隋代陶窑

半两钱（汉代）

长颈瓶（隋代）

瓷碗（隋代）

陶钵（汉代）

卷云纹瓦当（汉代）

陶罐（汉代）

铁刀（汉代）

铁铲（汉代）

铁铧犁（汉代）

正定永安遗址

正定永安遗址位于正定县正定镇北贾村东南，永安村北侧。遗址南距正定县城约 3000 米，南距滹沱河故道 5000 米。南水北调渠线从遗址北部呈东北—西南斜向穿过。2006 年 5 月，对永安遗址进行了抢救性发掘，发掘面积 3540 平方米。

遗址分为三个发掘区。地层堆积共分四层，其中①—③层一、二、三区均有分布，第④层仅分布于遗址东北部，二区的北半部。第①层：耕土层，黄褐色，土质疏松。第②层：灰褐色土，土质疏松，厚 0.15—0.3 米，推测为现代地层。第③层：红褐色土，土质致密、坚硬，厚 0.2—0.35 米，包含及少量白瓷片，推测为宋金地层。第④层：灰褐色土，含沙，土质较为坚硬，厚 0.2—0.25 米，未见人工遗物。遗址共发现有西周、汉代、北朝、唐—五代、宋、金、明等各个时期的文化遗存。

西周时期文化遗存，发现房址 1 座。平面近五边形，南壁方向为北偏东 60°。半地穴式，斜弧壁，平底，东西宽约 3 米，南北约 2.85 米，深约 0.3 米。房址的东、南、西侧不等距分布 17 个柱洞。房址未见门址和灶址，亦未见任何用火痕迹。房址内以厚约 0.5 厘米的黑褐色黏土铺垫并压实，作为地面，房址外为原生生土面。房内填土中出土绳纹陶钵、束颈壶、折肩罐 3 件器物。

汉代遗存见于第三发掘区北部，不见明确的地层堆积。清理灰坑 2 个、灰沟 2 条、井 1 口。出土遗物仅见陶器，多为泥质灰陶，器表素面或饰弦纹，器形包括钵、盆、壶、罐等，未见夹砂陶。

汉代—北朝时期遗存，仅见墓葬 1 座。为土坑竖穴墓，单人仰身直肢葬。墓葬平面近圆角长方形，墓圹西端较宽，略呈圆弧状，东端略窄，墓壁平直。墓内人骨保存较为完整，经初步判断墓主人为女性。墓内发现 3 件随葬品，古簪 1 件，放置于头骨右上方，在头骨正上方纵向摆放有陶罐、陶钵各一件。

唐—五代遗存，发现墓葬 2 座，均为圆形砖雕墓，形制相同。墓葬以灰色青砖垒砌，由墓道、甬道、墓室三部分组成。墓道平面呈梯形，南窄北宽，为规整的台阶式墓道。甬道前接墓道，后连墓室，土圹平面呈梯形，与墓道一气贯通。墓室土圹平面近圆形，直径约 3.6—3.8 米，现高约 2.4 米。形制规整，直壁、平底，侧壁和底部经过拍打，平整而质地坚硬。墓室平面亦近圆形，内壁直径约 2.9 米，单砖垒砌而成。在墓西北角棺床之上，保存有一段墓室侧壁，残高约 1.8 米，宽约 0.8 米。下部直壁高约 1.36 米，保存有菱形图案雕砖，菱形图案雕砖之下为五层青砖平砌，上为 7 层青砖平砌，南为 5 组青砖立砌，将砖雕包成一个内凹的匣形。侧壁上部高约 0.44 米的部分以青砖起券顶，从起券高度来看，可能为穹隆顶。残存的侧壁砖雕上施彩绘，均以红彩为底色，菱形雕砖的轮廓以黑色墨线中夹白色线条绘制。棺床位于墓室北部，高约 0.4 米，其北部已被破坏至与墓室地面相平。"一字"形棺床，东、西、北三面直接借用墓室侧壁，正面（南侧面）以青砖砌一直边，内以

圆形砖室墓（金代）

红黄花土填充后夯筑，棺床顶面未铺砖。墓内未见葬具。随葬品有器座、器盖、白瓷盏托、白瓷执壶、白瓷碗、绿釉双系瓷罐、陶仓、鎏金铜甲片、瓷罐底、陶罐、铁构件等。

遗址第③层为北宋时期文化遗存，1 座墓葬开口于该层下。墓葬为双人合葬土坑竖穴墓，打破④层。墓圹平面近长方形，北宽南窄，长约 2.55，宽约 1.4—1.7，深约 0.3—0.38 米。墓圹东北角和东南角各置有 1 块不规则形块石，应为有意放置。墓内人骨 2 具，葬式均为仰身直肢，头向正北。随葬品仅见有瓷罐、石杵。地层中出土瓷盅、铁带钩、铁钉等器物。

明代遗存，清理灰沟 1 条，墓葬 1 座。墓葬为土坑竖穴墓，单人仰身直肢葬，头向正北。墓内人骨保存完整，男性。随葬品较少，出土绿釉直领瓷罐、铁铧各一件。地层中出土白瓷碗、器盖、铁权、砺石等器物。

永安遗址发现的西周和汉代遗迹有房址、灰坑、灰沟、井，可知此时永安遗址应作为居住址使用。西周时期文化遗存仅见于遗址的南部，与勘探和试掘确认的遗址西周—战国时期遗存位于遗址南部相符。遗址发现的各时期考古遗存中，只有唐—五代时期的两座圆形砖雕墓保存了相对较丰富的考古学信息。圆形砖室墓是我国北方地区 6—12 世纪流行的一种墓葬形制，其出现年代可早至 6 世纪初。宋、辽、金时期，此类墓葬多发现于河北、河南等地区，墓内除砖雕外，亦多见壁画。因此，永安遗址的发掘，对研究该地区人类生活状况、社会生产力发展水平、墓葬形制演变提供了重要的参考资料。（傅佳欣，《"正定永安遗址"考古发掘完工报告》，2009 年。）

正定西邢家庄墓地

　　正定西邢家庄墓地位于正定县南部，正定镇西邢家庄村西 300 米处，地表原为耕地，地势起伏不大。墓地发掘区位于南水北调渠线内，呈东北—西南向分布。墓地中部墓葬较为集中，个别墓葬有打破关系。另外 20 世纪 50 年代墓地中部曾出土有明代颜玉及其夫人墓志两合，村民平整土地时曾将其神道两侧的石象生、翁仲等埋入地下。本次考古发掘，对工程涉及范围内的石象生和翁仲以及渠线内古墓葬进行钻探和清理发掘。共清理汉代墓葬 4 座，唐至北宋时期墓葬 32 座。

　　这些墓葬被盗严重，保存状况较差。汉墓分为砖室墓和土坑墓两类。砖室墓有单室和多室两种。土坑墓结构相同，较为简单，均为单室。唐墓 26 座，分为砖室墓和土坑墓两大类。其中绝大多数为砖室墓，土坑墓只发现 1 例。宋墓 6 座均为圆形砖室墓。共出土文物 116 件。汉墓所出土随葬品基本是河北地区汉墓常见的组合形式。唐墓中，虽经盗扰，仍出土一些白瓷碗和白瓷执壶等器物，并发现带"官"字款瓷器。据此说明，该地区发现的唐墓等级较高。"官"字款瓷器，学术界普遍认为是曲阳定窑烧造的瓷器，以往多数发现在曲阳、定州一带，在正定唐墓发现"官"字款定窑白瓷，尚属首次。与此同时，通过勘查，基本弄清了明代骠骑将军颜玉家族墓地的方位。颜玉，字宝卿，先世乃盐城人（今江苏盐城），曾祖颜弘，以战功历金指挥事，祖父颜璟，亦以功升同知，父亲颜彪，官至后军都督府都督同知。颜氏武将世家，祖父颜璟任职真定卫，遂家迁真定。颜玉 24 岁承父荫任指挥同知，而后历事三朝，先后出守西宁、庄浪、松藩、贵州等边陲四镇，屡建战功，深受皇帝器重，封左军都督金事，骠骑将军。正德元年（1506 年）八月五日卒，享年五十四岁。（贾金标，《"正定西邢家庄遗址"考古发掘完工报告》，2006 年。）

M7 出土朱书买地券（宋代）

M17 出土墓志盖（明）

M21 发掘现场

瓷盒盖（宋代）

执壶（宋代）

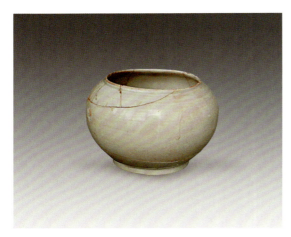

"官"字款瓷罐（唐代）

"官"款瓷盘（唐代）

"官"款瓷碗（唐代）

"官"款瓷碗（唐代）

瓷碗（唐代）

三彩器（唐代）

新乐何家庄遗址

  新乐何家庄遗址位于新乐市何家庄村北约 300 米处，北距中同村 300 米，遗址上部因早年取土破坏严重。南水北调中线工程从遗址的西部边缘穿过。2006 年 4 月对遗址进行发掘，发掘面积 3025 平方米。遗址分三区，Ⅰ区、Ⅱ区文化层较薄，Ⅲ区堆积较厚。发掘面积 3000 平方米。清理灰坑 97 座，房址 1 座，墓葬 3 座，马坑 1 座；出土陶器、瓷器、石器、骨角器、青铜器、铁器等约 300 件。遗存分属新石器时代、夏商时期、西周晚期、战国晚期和金代。

  新石器时代遗存未发现独立的堆积单位，主要是散见于晚期堆积中的陶片，有泥质橘红陶，器表装饰细绳纹和紫红彩。器形有双耳小口尖底瓶、彩陶钵、夹砂绳纹罐等。文化性质属西阴文化，与早年曲阳钓鱼台遗址发现的同类遗存性质相同。

  夏商时期遗存主要是灰坑，多作圆形筒状。出土遗物多为陶器和石器。陶器的陶系主要有夹砂灰陶、夹砂灰褐陶、夹砂红褐陶和泥质灰陶；器形主要有侈口袋足鬲、鬼脸足鼎、单耳罐、瓠形杯、侈口鼓腹罐、敞口平底盆等；夹砂陶器表多装饰细绳纹、弦纹和附加堆纹，素面陶器表则见有磨光和刮抹的处理方式。石器主要有石斧、石杵、石刀、石镰、石铲等，均为打制和磨制成器。在文化面貌上既表现出与豫北冀南地区下七垣类型的相同特征，又表现出同时期分布在太行山西侧以及分布在黄河下游地区的考古遗存的特征。

  西周晚期遗存的遗迹主要有墓葬 1 座、马坑 1 个及灰坑若干等。墓葬为长方形土坑竖穴，有二层台，二层台上放置随葬器物。墓葬破坏较为严重，未见人骨；马坑为近方形竖穴，双马并列摆放，头南面西，不见饰件随葬；灰坑多为圆形筒状，出土遗物主要为陶器和铜器，陶器为随葬的仿铜鬲，夹砂黑灰陶，宽沿弧裆，柱足，器表装饰绳纹和扉棱；铜器有残戈及当卢、节约（四通）、泡饰和圆形铜饰、方形铜饰等。

战国晚期遗存主要有房址1座和多座灰坑，房址为圆形单间，地面建筑，直径近4米，残存高0.1—0.2米，中心有一圆形地面灶，灶面有用火痕迹及残陶罐1件。灰坑多见圆形筒状，少见圆形锅底状和椭圆形锅底状。出土遗物主要为陶器、铜器和铁器，陶器的陶系主要有泥质灰陶、泥质黑灰陶和夹砂红褐陶；器形主要有鼓腹瓮、小口壶、敞口盆、深腹弧裆鬲、敛口钵、敞口碗等；除素面陶器外，器表装饰主要有细绳纹、花生皮状绳纹、篮纹、弦纹、方格纹、附加堆纹等。铜器和铁器主要是武器和生产工具，铜器主要有铜铍和铜杖头帽等。铁器主要有铁犁铧、铁锥、铁钉、铁环、铁锸、铁凿、铁刀、铁镰、铁锤、铁钩形器等。

金代遗存主要是一座残墓。墓葬开口在耕土层下，破坏严重，残存高约0.2米，墓葬

图片1

平面呈圆形，直径约 5.2 米，墓壁由长方形灰砖垒砌而成。墓室底部遗留有腐朽的棺木残体和散乱的人体肢骨，从残存的人骨看，应为单人葬。从墓室底部清理出南宋铜钱约 20 枚，主要有开元通宝、元丰通宝、咸平元宝、宋元通宝、祥符元宝、皇宋通宝、皇宋元宝、天禧通宝、景德元宝、熙宁元宝、大观通宝、唐国通宝、建炎通宝等。

　　先秦时期考古遗存的发现并清理是本次发掘的主要收获。西阴文化遗存的发现，表明在仰韶时代的中期冀中平原为强大西阴文化居民所控；西阴文化遗存不见于冀南地区，而于太行山东麓的曲阳钓鱼台发现，这一现象表明西阴文化居民进入华北平原是自太行山西侧的汾河流域翻越太行山实现的。夏代"先商"遗存的多样性表明，从主体上看其与豫北冀南的"下七垣类型"关系亲近，同时又受到自太行山西侧和黄河下游地区的渗透，但未表现出来自燕山南侧的文化因素。西周晚期二层台墓葬出土的仿铜陶鬲和铜车马饰件属于典型的周文化遗存，表明分封后周王室对这一地区的实控和周文化对这一地区的同化。与西周时期墓葬材料表现的问题有所不同，战国时期的材料主要来自遗址，深腹弧裆鬲、鼓腹瓮、小口壶、敞口盆、敛口钵、敞口碗等，却显现出更多的地方特点，表明这一时期王室势力的收缩和诸侯势力的张扬。新乐何家庄多个时期文化遗存的发现，对研究新乐市以及石家庄市北部地区的历史文化提供了十分重要的资料。（许永杰，《"新乐何家庄遗址"考古发掘完工报告》，2006 年。）

马坑（西周）

西周陶器出土情况

陶鬲（先商）

陶鬲（先商）

陶鬲（西周）

铁锸（战国）

铁镰（战国）

铁犁铧（战国）

圆形铜泡饰（战国）

陶片（新石器时代）

铁钹（战国）

石斧（商）

石刀（商）

赞皇南马遗址

赞皇南马遗址位于赞皇县邢郭乡南马村东北 175 米处，西距省道（S393）810 米，西距赞皇县城 7 公里。遗址处于太行山东麓平原地带，地势较为平坦。南水北调渠线从遗址内东部穿过。2010 年 5 月—8 月，对该遗址进行抢救性发掘，发掘面积 2050 平方米。遗址南部和北部文化层堆积较厚，中部文化层堆积较薄。共分四层堆积：第①层，为耕土层；第②层，属淤积层，包含有明清时期遗物；该层下开口的遗迹属汉代遗存；南部探方第③层黑褐土堆积属中商文化时期，北部探方第③层黑褐土堆积属先商文化时期。

遗迹包含灰坑、灰沟、窑址、土坑墓和瓮棺葬五类。灰坑 198 个，坑口形状有圆形、近圆形、长方形和不规则形四类，以不规则形为主，坑体结构有斜壁圜底、斜壁平底、直壁平底和斜壁不规则形底四种，除少量属西汉时期外，余皆属先商和中商时期。其中一部分不规则形坑口径大且深，最深达 3 米，个别坑壁也较规整，或为深窖穴。一部分圆形坑，坑壁较规整，坑底较平，应为窖穴。一部分坑坑底较硬，局部有用火的痕迹，可能具有房子的功用，其余大部分灰坑为自然低洼地或取土坑堆积废弃物。灰沟开口、壁、底皆不规则，当属自然冲沟，为西汉时期。窑址为土坑竖穴升焰式，窑上部皆破坏无存，只保留操作坑、火膛、窑膛和窑箅四部分。操作坑平面呈椭圆形，壁不规则；火膛平面呈长圆形，壁也不规则；窑膛平面略呈圆形，壁略向外凸，有坚硬的青灰色烧结面；窑箅平面近圆形，等距分布有 6 个箅孔，孔径较大，多呈近圆形。根据窑膛内出土物推断窑址属中商时期。

土坑墓均为小型长方形竖穴土坑式，出土有镇墓瓦及铜钱等，属清代。瓮棺葬使用盆和罐作葬具，时代属中商时期。

发掘区全景

发掘区探方全景

　　共出土陶、石、骨、铜、铁、瓷等六类遗物。陶器以夹砂灰陶为最，次为夹砂黑皮红陶、夹砂褐陶及泥质灰陶、泥质磨光黑陶、泥质磨光褐陶等，器形有鬲、甗、豆、盆、罐、瓮、鼎、斝、爵、角、钵、器纽、纺轮及釜、板瓦、筒瓦、井圈等。其中属先商时期的陶鬲为宽卷沿圆唇、肥袋足略垂、锥状实足跟，颈以下饰僵直细绳纹，颈部绳纹有抹掉痕；甗多为腰部和甗鬲部分残片，甗腰带腰隔，外饰索链状或圆窝状附加堆纹；盆为斜折沿方唇、弧腹、平底，颈以下饰中绳纹；罐为卷沿、高领、鼓腹、平底，腹部饰三组弦纹带；瓮为圈足或假圈足敛口蛋形；斝有两种：一种为圆口微侈、长颈、颈部有环耳、肥袋足，或称为鬲式斝；一种为薄胎、侈口、外壁饰刻划纹、圜底、三空足或平底；爵为圜底近平式；角为鞍形口、圜底、管状流、细长扁方形或圆形足。属中商时期的鬲为宽折沿方唇、唇下缘有勾棱或上缘起榫凸、颈以下饰粗绳纹；豆为假腹式；盆为折沿方唇、弧腹。除陶器外，骨器有骨笄、骨锥、骨匕、卜骨等；石器有石铲、石斧、石镰、石刀等；铁器有铁锸、铁钁、铁刀等；瓷器为青花碗口沿及腹部残片；铜器有小铜刀及铜钱等。

　　南马遗址地处太行山东麓山前平原地带，地近滹沱河流域。现今考古发现证实这里是史前乃至夏商时期南北、东西交流的重要陆路通道。南马遗址发现的夏时期文化遗存，表现出与冀南下七垣文化的诸多共性，同时又表现出与太行山西麓晋中地区夏时期文化的许多相似性。

　　南马遗址发现的中商时期遗存，与已发现的藁城台西、北龙宫、正定曹村、灵寿北宅等中商时期遗存具有许多相同或相似性，这一较密集的中商文化分布区，说明冀中石家庄

灰坑 H148（先商）

陶窑（先商）

灰坑 H28（先商）

地区是商王畿之外的又一个中心聚邑区，对于研究商文化特质、商文明形成及商文化格局等具有重要意义。（徐海峰，《"赞皇南马遗址"考古发掘完工报告》，2010年。）

H28 ②层出土的陶器残件

H99 石、骨及小铜刀等（先商）

H99 陶器组合（先商）

蛋形瓮（先商）

陶鬲（先商）

陶鬲（先商）

陶鬲（先商）

甗鬲（先商）

陶斝足（先商）

卜骨（先商）

骨针（先商）

石刀（先商）

瓦当（东汉）

陶壶（东汉）

黑白照片 23

陶鬲（早商）

陶鸡（东汉）

赞皇西高李氏家族墓地

    赞皇李氏家族墓地位于太行山东麓、河北省赞皇县西高村南约2000米的岗坡地带，南距延康农场约300米，西距高邑至赞皇省道约2000米。墓群所在岗坡地带南北绵延数公里，西高东低。1958年以来这里的坡地逐渐被平整为层层抬升的台阶状。南水北调渠线自东南向西北斜穿该墓地，以渠线范围为中心，通过考古钻探，在渠线内共发现9座墓葬，分东西两排。经发掘了解到，这些墓葬均坐西朝东、南北并列成排。中国社会科学院考古研究所河北工作队与北京大学文博学院考古系分别负责南区5座墓葬（M51、M52、M3、M4、M6）和北区4座墓葬（M1、M2、M7、M8）的发掘清理工作。此次清理的部分墓葬被破坏或盗掘，但仍有4座幸未被盗，资料比较完整；绝大多数墓葬均出土有墓志。考古资料表明，该墓地为北朝时期赵郡李氏家族墓地。

    西高墓群墓葬形制包括砖室墓和土洞墓两种。M51、M52、M1、M2为砖室墓，由斜坡墓道、甬道和墓室三部分组成，甬道上方砖砌高大的挡土墙，墓室平面弧方形、四角攒尖顶；地面铺砖，墓室四壁和地面均抹有白灰。M3、M4、M6、M7、M8为土洞墓，由斜坡墓道、甬道和墓室三部分组成，墓室平面略呈长方形、穹隆顶，地面一般铺砖。

    M52位于墓地东侧最南部，北距M51约80米。墓葬坐西朝东，方向为94°。长斜坡墓道单砖室墓，由斜坡墓道、甬道和墓室三部分组成，总长约25.4米，墓底距现地表约8.5米，距北朝地面约8.2米。营造中先分别开挖出墓室、甬道和墓道部分的土圹，土圹自墓道向墓室方向呈凸字形逐步扩大展开，在土圹内砖砌甬道、墓室和挡土墙。墓道总长约18米，上口宽1.53—3.5米，下口宽1.42—1.85米。墓道上口略敞，壁面较平整，两壁陡直稍

赞皇西高李氏家族墓地发掘位置图

有收分。墓道底呈斜坡状，坡度55°—65°，坡长19.8米。底面顺斜坡方向均匀分布两排脚窝，脚窝左右间距0.4—0.8米、斜坡面间距0.4—0.6厘米。单个脚窝深约4.7厘米，脚窝形状有长条形、椭圆形、不规则形等。甬道为砖砌半圆形拱券顶过道，长2.43米、宽1.5米、高1.98米。甬道地面横纵交错铺砖，立面和内壁均涂抹白灰，脱落严重；地面原也应涂抹白灰，惜保存不佳，现基本无存。甬道入口上方砖砌高大的挡土墙，宽3.6米、高5.5米。挡土墙上部整体向西倾斜，每层砖收分约2厘米，下方接近甬道券顶处，两侧向西微凹，中间向东凸出。挡土墙上部被现代盗洞破坏呈八字形豁口。甬道内砖砌封门墙两道，第一道封门墙位于甬道外侧，高2.3米、宽1.57米，呈扇面形封堵；第二道封门墙位于甬道与墓室衔接处，宽1.45米、高1.98米。墓圹开口长5.8米、宽5.6米。其中建造的砖筑墓室平面呈弧边长方形，底部内壁西边长3.97米、残高5.35米，北边长4.55米、残高2.85—4.2米，东边长4.3米、残高1.6—4米，南边长4.55米、残高4.75—5.35米，中间最大宽度东西4.8米，南北4.56米。墓室四壁错缝垒砌，四角攒尖顶。墓室顶部因盗掘塌落无存，复原内高约8米。墓室四壁和地面均涂抹白灰，但大都脱落。墓圹与砖墓室间局部构筑纵

砖室墓 M52 墓圹平面（北魏）

向砖墙，如墓室北壁外侧近中部即有一道。墓室北半部发现两具棺木朽痕，并列放置，均呈梯形、东宽西窄。北侧棺紧贴于墓室北壁下，长 2.5 米、宽 0.9—1 米。棺内铺垫白灰，长 1.95 米、宽 0.61—0.66 米、厚 0.45 米；白灰下板灰厚 0.05—0.08 米。棺木底板厚约 0.08 米，棺下方南北向铺垫 4 排卧砖，每排砖 3—4 块。南侧棺位于墓室中部，长 1.9 米、宽 0.4—0.53 米，腐朽严重。

　　M52 出土各类随葬品总计 32 件，种类包括陶器、瓷器、铜器、铁器和玻璃器等，其中女性棺内头部出土的铜步摇冠残片、玻璃坠饰等形制独特，推测原物是一个比较精美的步摇冠。墓中出土墓志两方，据志文记载：墓主人为北魏尚书左丞、镇远将军、光州刺史李

M52 墓室结构（北魏）

仲胤，其夫人为河间邢氏。北魏永熙三年（534年）合葬于此。

　　M4 土洞墓。该墓葬南距 M3 约 55 米，北距 M6 约 40 米，东距 M1 约 80 米。墓葬坐西朝东，方向 87°。地表发现封土遗存。该墓葬为长斜坡墓道单室土洞墓，由斜坡墓道、甬道和墓室三部分组成，总长约 24 米，墓底距现地表约 10—10.5 米、距墓葬开口约 9.6 米。斜坡墓道平面呈梯形，西宽东窄，长 19.5 米、上口宽 1.1—2.6 米、下口宽 1.1—1.68 米、西端高约 9.6 米。墓道两壁较为陡直，墓道底呈斜坡状，坡度约 30°，斜坡长 26 米。墓道填土为黄砂石土，多含大块鹅卵石。甬道顶部已塌落，推测原为券顶过洞，平面呈长方形，长 1.6 米、宽 1 米、残高约 1.3 米。甬道内有两道封门砖墙，分别位于墓道与甬道衔接处、甬道与墓室衔接处。

M52 墓室底部遗迹（北魏）

第一道封门墙保存完好，底部宽约 1.6 米、高约 2 米，立面略呈外凸状。第二道封门墙仅垒砌十层，宽约 1.1 米、高约 0.8 米。墓室平面略呈弧边方形。墓室底部东西长 2.7—3.1 米、南北宽 2.2—2.85 米，地面无铺砖，顶部塌落，推测原为直壁、穹隆顶结构。墓室南部和中部原各有一具木棺。南侧棺棺内铺厚厚一层生石灰，墓主人头向朝东，头骨保存较好，牙齿尚存，其余肢骨保存一般，似为女性。中部棺内无生石灰，墓主人骨殖保存较差，似为男性。M4 出土各类随葬品 39 件，虽因墓室顶部塌落而砸坏较多，但保存状态仍相对较好。除少部分随葬品位于棺内外，其余均位于墓室北部。种类包括陶器、青瓷器、陶俑、陶质模型、铜器、铁器和石器等。此墓出土陶俑两件，为一男一女，均为泥质灰陶，但其叉手叉足形态与北朝时期河北地区常见陶俑形态相异，较为特殊。墓中出土墓志为一盖两志，志石与志盖相互叠压放置，据志文记载墓主人为北魏平北将军、散骑常侍、使持节、都督定州诸军事、定州刺史李翼及夫人博陵崔氏，北魏永熙三年（534 年）迁葬于此。

河北赞皇西高李氏家族墓地的考古发掘是南水北调中线工程河北段的一项重要考古发现。该墓群规模大，排列有序，是目前已发现少有的北朝家族墓地，具有重要的学术价值和历史研究价值。已发掘的 9 座墓葬分为东西两排，东侧一排为父辈墓葬，西侧一排为子辈墓葬。依长幼尊卑顺序排列，各墓葬间距离大致相当，其中同一排的父辈墓葬，依长幼顺序排列，间距约 70—80 米；同一排的子辈墓葬自北向南依年龄长幼、长子在前的原则依次排列，间距约 30—50 米。东侧一排的父辈墓葬与西侧一排子辈墓葬间距约 70 米。西高北朝家族墓葬排列，遵循的是长辈居前（东侧一排），以左为尊的原则。迄今，在太行山东麓、今河北省赵县、元氏、临城、高邑、赞皇一带，曾发现一些赵郡李氏各支家族墓葬，此次发掘的赞皇西高墓地是河北乃至北方地区第一次科学全面发掘的北朝大族墓群，其完整的格局和较丰富的出土遗物，对于重新研究早年清理或发掘的北朝封、甄、高、邢氏墓地，对于深入研究北朝埋葬制度具有重要的意义。该墓群中的墓葬地表原有封土，其中 4 座墓葬未被盗掘，出土随葬品比较丰富、器物组合完整、纪年明确。年代从北魏至北齐，跨度超过半个世纪，墓葬形制、随葬品形态都发生了一系列变化，是北朝墓葬研究的年代标尺。从墓葬形制角度考虑，东侧一排父辈墓葬多为砖室墓、规模较大；西侧一排子辈墓葬均为土洞墓、规模较小、埋藏较深，这一点是与墓主人的身份与级别相称的。从随葬品而言，多座墓葬未被盗掘，随葬品种类丰富、摆放格局清楚，可以初步了解这一时期物质文化的面貌。随葬品种类一般包括陶器、青瓷器、铜器、铁器和墓志等。M51 还出土了仰覆莲罐残片，其风格与南朝出土莲瓣纹瓷盖罐风格完全一致，当时南北朝间的文化交流可窥一斑。各个墓葬出土的墓志，为研究北朝赵郡李氏家族及其当时社会提供了翔实可靠的

M52 墓道及挡土墙（北魏）

土洞墓 M4（北魏）

信息。根据出土墓志志文的记载来看，东侧一排父辈的墓葬应属原即规划于此，北魏太和以后陆续葬于此；而西侧一排子辈墓葬则多原葬于洛阳等地，北魏永熙三年（534 年）迁葬于此，在北魏最后一年同时集中迁葬绝非是一种巧合。归葬故乡是中国古代礼制中的一个重要部分，秦汉以来门阀林立，汉族上层人士阶层多形成地方宗族势力，故乡和族墓是重要的联系纽带。李氏宗族多在永熙三年归葬故里，应是利用了迁都邺城的契机。此外，墓志中还记载了赵郡柏仁乡永宁里、房子城、五马山等历史地名，这为该地区历史地理学研究提供了重要资料。（朱岩石、韦正，《"赞皇西高李氏家族墓地"考古发掘完工报告》，2010 年。）

M7 出土墓志（北魏）

M7 陶俑出土情况（北魏）

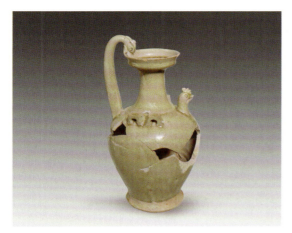

青瓷鸡首龙柄壶（北魏）

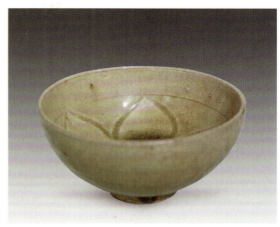

青瓷碗（北魏）

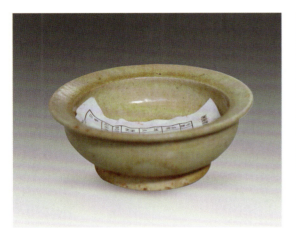

青瓷碗（北魏）

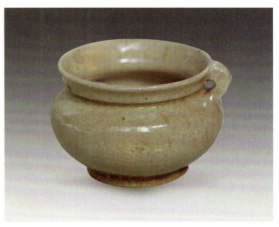

青瓷单耳罐（北魏）

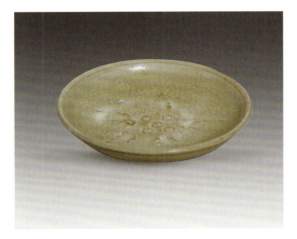

青瓷盘（北魏）

青瓷盏托（北魏）

青瓷唾壶（北魏）

青瓷唾壶（北魏）

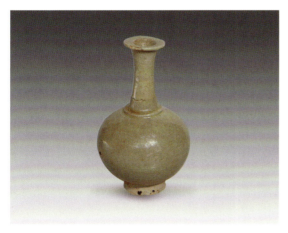

青瓷长颈小口瓶（北魏）

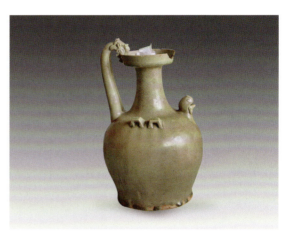

青瓷鸡首龙柄壶（北魏）

青瓷笔架（北魏）

青瓷虎子（北魏）

青瓷覆莲座烛台（北魏）

青瓷灯（北魏）

青瓷辟雍砚（北魏）

青瓷四足砚（北魏）

青瓷三足鐎斗（北魏）

青瓷平底鐎斗（北魏）

陶俑（北魏）

陶俑（北魏）

陶俑（北魏）

陶俑（北魏）

青釉瓷碗（北魏）

青釉长颈瓶（北魏）

镇墓兽（北魏）

陶女俑（北魏）

正定吴兴墓地

　　吴兴墓地位于河北省石家庄市正定县新安镇吴兴村村西，南距正定县城 15 公里，距石家庄市 20 公里。京广铁路在墓地东南 2.5 公里处南北向穿过，滹沱河在墓地南 12 公里处自西向东流过。墓地地势平坦。2006 年 4 月下旬至同年 11 月底勘探发掘，共发掘墓葬 121 座，其中战国墓葬 6 座、西汉墓葬 98 座、东汉墓葬 7 座、唐代墓葬 9 座、清代墓葬 1 座。出土各类遗物 440 件。

　　战国墓葬形制可分为中型和小型两类，墓葬彼此之间无打破关系。小型墓有棺无椁，土坑竖穴式，墓坑呈梯形，北宽南窄，直壁。随葬品为铜兵器和铜工具。中型墓为一棺一椁墓。长方形土坑竖穴墓。随葬品以 2 套或 1 套鼎、豆、壶、盘、匜、小口壶陶礼器组合为主，个别墓葬伴出带钩、铜铃等小件铜器。

　　数量最多的是西汉时期墓葬，两汉时期墓葬又分为土坑墓和砖室墓两种。土坑墓为长方形土坑竖穴墓，葬具多为木质棺椁，有一棺、一棺一椁两种。稍大型墓葬都是一椁一棺，较小型墓葬为一棺，并多见生土二层台。随葬品多葬于棺椁之间，或棺与二层台之间。砖室墓分无墓道砖室墓、单墓道砖室墓。墓室平面多呈长条形，墓室顶多为平顶式，即在砖室两长壁上横搭木板或木棍作承托，在其上再铺两层平砖。随葬品有陶罐、鼎、盆、盘、壶、楼、仓、灶、井、院落、案、耳杯等。从葬具、葬式及随葬品中，我们可以看到较为明显的变化特征。其中 M58 打破 M59、M100 打破 M108、M69 打破 M70 等几组同时期墓之间的早晚关系，为西汉墓葬的分期提供了依据。在随葬品方面，其中陶壶、袋状腹陶罐等典型性器物，可以从器型演变中找到早晚变化的发展过程。在墓中出土的

砖室墓券顶结构（东汉）

陶罐（东汉）

陶罐（东汉）

塔式陶盖罐（唐）

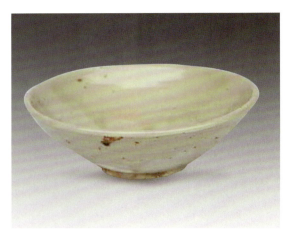

绿釉瓷碗（唐）

舟形砖室墓墓顶结构（唐）

舟形砖室墓墓室（唐）

石饼状器特殊现象，可以为断定西汉墓的时代提供确切的依据。可初步将西汉墓葬划分为早、中、晚期。

吴兴墓地发现的战国、两汉和唐代时期墓葬反映出鲜明的时代特点。战国墓中随葬鼎、豆、壶、盘、匜、罐等组合陶器，与邯郸百家村战国墓有很多相似之处，两者陶器组合相同，而且出土铜器多见铜带钩。陶器形制及装饰风格相近，器物表面流行彩绘或暗纹，暗纹多见锯齿纹和网格纹。墓葬形制及葬俗亦颇为相似，都为口大底小的竖穴土坑，葬具为一棺一椁，均为单人葬，且多为仰身直肢葬，具有典型的赵国墓葬特征。尽管如此，它与百家村战国墓也有一些明显差异，如浅盘豆在百家村墓地极为常见，但在吴兴墓地却没有出土，这与在中山国都城遗址发现的战国墓却极为相似，两者陶器组合相同，且都不随葬浅盘豆。结合战国中期，中山国被赵国灭亡的史实，该地区墓葬当为赵国境内的中山国遗

土坑竖穴墓（西汉）

民墓葬。两汉时期墓葬特点与冀中南地区常见的墓葬特征一致，为典型的两汉平民墓葬。唐墓中单室圆形和"舟"形墓，是北方地区唐中晚期流行的主要形制。综上所述，吴兴墓地应是冀中平原目前发现的一处较大的不同时期的平民墓地，墓葬时代从战国到唐代，葬式多样，特征鲜明，时代特点强烈，为我们认识这一地区的埋葬习俗和当地的历史文化特色提供了重要材料。（韩国祥、蔡强、于俊玉、柏艺萌、尚晓波、万雄飞，《河北正定县吴兴墓地战国墓葬发掘简报》，《考古》2012 年 6 期。）

陶器和陶俑出土情况（西汉）

砖室墓（西汉）

砖室墓随葬陶器组合（西汉）

陶罐（西汉）

陶壶（西汉）

陶瓮（西汉）

陶罐（西汉）

陶罐（西汉）

陶壶（西汉）

陶盆（西汉）

陶瓮（西汉）

陶罐（汉代）

玉璧（西汉）

圆角方形砖室墓（唐代）

土坑竖穴墓（战国）

土坑竖穴墓（战国）

陶鼎（战国）

陶壶（战国）

陶盖豆（战国）

陶壶（战国）

青铜刀（战国）

铜箭镞（战国）

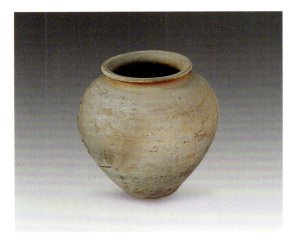

陶罐（唐）

高足灯（唐）

双系陶罐（唐）

陶罐（唐）

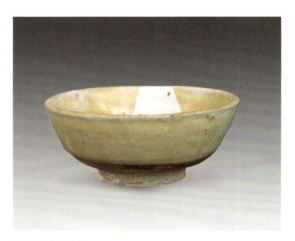

绿釉瓷碗（唐）

黄釉高足碗（唐）

酱釉三足炉（唐）

青铜短剑（战国）

元氏南吴会墓地

  南吴会墓地位于石家庄市元氏县南吴会村东北，地处太行山东麓山前平原地带，西距太行山余脉 16 公里，北临沙河，东距石家庄市红旗大街延长线 700 米，南与殷村交界。墓地高程 82.5 米，东西长约 600 米，南北宽约 500 米，面积约 30 万平方米。

  墓地分四个发掘区，共发掘宋墓 8 座，清墓 3 座，水井 2 眼，灰坑 2 座。出土瓷、银、铜等文物几十件。宋墓包含 6 座砖室墓，1 座土洞墓和 1 座土坑竖穴墓。砖室墓分舟形砖室墓和圆形砖室墓两种。舟形砖室墓由墓道、墓门和墓室组成，墓道位于墓室南部，通过墓门直达墓室，呈倒梯形。南北长 2.4 米，宽 0.7—1.3 米，深 1.4 米。墓门开于墓室南壁中部，东西宽 0.8 米，高 1.2 米，拱形顶。门内用条砖平砌或斜向平铺封堵。墓室东、西壁呈弧形自南向北收缩，墓壁青砖错缝平砌，至 12 层后，砖砌外露呈倒"人"字形，形成墓顶。墓室南北长 2.5 米，东西宽 0.4—1.0 米，高 1.4 米。出土遗物有瓷盏、瓷碗及铜钱数枚。圆形砖室墓亦由墓道、墓门、甬道和墓室组成。墓道长方形，底呈斜坡状，上口宽 2 米，下口宽 2.1 米，深 5 米。甬道位于墓室南部，连接墓门和墓道，南北长 1.1 米，东西宽 1 米，残存拱形顶北部，在甬道与墓室之间，用一块石板封堵，石板两侧用残砖砌紧。封门上部，砖砌拱券顶。墓室为在土圹内砌筑，顶部残，仅存墙体，墙体顺砖错缝平砌，高 1.35 米，墓室底部采用残砖横向错缝平砌，凹凸不平。墓室内径 3.4 米，呈椭圆形，外径 3.7—3.85 米。出土咸平、景德、圣宋等铜钱几十枚。

  南吴会墓地土坑竖穴、土洞、圆形砖室墓是华北地区传统的墓葬形制，而舟形砖室墓非本地传统，它应是南方地区宋代墓葬的葬制，推测其墓主人为南方人。南吴会墓地出土瓷枕、瓷盘、瓷碗等均属定窑和井陉窑的产品，从瓷器特征和出土铜钱钱文判断，这批墓葬的年代应为北宋时期。其为研究北宋时期平民墓葬形制、社会经济形态、定窑和井陉窑的关系提供了重要资料。（李君、朱存世、张志成、张文瑞，《石家庄、鹿泉墓葬发掘报告》，科学出版社，2014 年。）

元氏南白楼墓地

元氏南白楼墓地位于元氏县苏阳乡南白楼村西南约 500 米的山前台地上。墓地西倚绵延不绝的太行山脉，东面广袤无垠的华北平原。墓地占地面积约 50000 平方米，2009 年 6—9 月对南白楼遗址渠线所占部分（台地东部）进行了钻探和发掘。钻探发掘面积 3000 平方米。发掘各类墓葬 37 座（战国时期 23 座、唐宋时期 6 座、金元时期 2 座、明清 6 座）。出土文物 194 件（陶器 80 件、瓷器 9 件、青铜器 91 件、铁器 5 件、玉器 5 件、石器 3 件、金属器 1 件）。

（一）战国晚期墓葬，位于南部发掘区，这些墓葬分布相对集中，均土坑竖穴，其中有七组两座墓紧邻并排安葬，可能为异穴合葬墓。这些墓葬绝大部分为南北向，头向北，有部分东西向的墓葬，头向皆东向。绝大部分墓葬有棺有椁，在棺的头部放置随葬品。出土随葬品以陶器为主，部分墓葬有带钩，少量墓随葬玉环。从陶器组合上可以分为两种情况。第一类，组合比较简单，主要为假圈足碗和鼓腹绳纹罐，应为日用陶器。第二类，随葬品的基本组合为蹄足鼎、矮盖豆、高壶、匜和葫芦形小罐，以仿铜礼器为特色。另有少量假圈足碗、钵等。M13，土坑竖穴墓，平面形状为长方形，斜壁平底，上口长 3.2、宽 2 米，墓深 3 米，底长 2.8、宽 1.6 米。葬具为一椁一棺，均为长方形，木制，表面涂有漆，因腐烂仅余棺灰。椁长 2.4、宽 1.2、厚 0.1 米，残高 0.6 米。棺长 1.9、宽 0.7、厚 0.08 米。在墓底南北两边发现大量石块，棺椁置于石块上。单人墓。骨骼保存状况较差，大部分腐朽，葬式为仰身屈肢葬，头朝北，腿向西屈。随葬品计 11 件，铜器 1 件、陶器 10 件。陶器出土于头顶棺椁之间，铜带钩位于头骨下方。南白楼战国墓，年代大致从战国中晚期延续到战国末年。元氏在战国时初属中山国，后被赵国攻占，赵国封公子元于此，由此得名元氏。赵武灵王十九年，"王北略中山地，至于房子"；二十年，"王略中山地，至宁葭"；二十一年，"王军取鄗、石邑、封龙、东垣"。房子在今河北高邑，宁葭在今河北石家庄市西北，封龙则位于元氏县西北部。因此，大约在赵武灵王二十一年（即公元前305年）左右，元氏即已经为赵国所取得。南白楼墓地的战国墓的年代上限在战国中晚期，与史实相符合。而其无论从墓葬布局排列、形制、墓主头向、葬具葬式、随葬品的放置，还是出土器物的形制、纹饰和组合都与邯郸百家村、临城中羊泉等同时期赵墓十分相似，如大多数墓葬的方向为南北方向、随葬品位于棺椁之间、出土大量铜带钩等，说明这批战国墓属于赵国墓葬无疑。但在一些墓葬中所出的陶碗也与同时期邯郸地区遗址所出的碗不尽相同，缺乏碗口部至上腹部的若干道弦纹，更像是其与灵寿城所出陶碗的结合。说明这个地区不可避免地受到中山国文化的影响，从另一个角度上说我们很难用一个硬性的标尺将战国早中期赵文化和中山国文化墓葬中出土的器物完全区分开来。中山国从春秋晚期就普遍接受中原文化，到战国时期其墓葬中随葬的仿铜陶礼器与赵国墓中出土的仿铜陶礼器形制和组合差别已经很小。

（二）唐代土洞墓，位于西区，共发现六座较大型墓葬。M5，洞室墓，由墓道、过洞、

发掘区航拍

战国时期墓葬分布图

战国墓葬结构图

唐代墓葬平面分布图

唐代墓葬结构

天井、封门砖、甬道和墓室组成。墓道平面形状为长方形，开口南宽北窄，南部直壁，北部为直壁内斜，底部南部为台阶状，北部为斜坡状。过洞为拱形，底部和顶部均为坡状。天井平面为长方形，直壁内斜，平底。甬道呈拱形，平底。墓室平面形状上圆下方形。M5多次被盗，共出土遗物 27 件。墓葬填土中共出土铜钱 20 枚，锡质开元通宝 1 枚、瓷罐 1 件、瓷碗 1 件，在墓室填土中发现鎏金饰件 1 组、陶罐 1 件。综合其他唐墓特征，南白楼唐墓均为二人合葬，骨架仰身直肢，头向北，可能是夫妻合葬墓。随葬品以漆木器和纺织品为主，有一定数量的铁器。这些遗物多腐蚀严重。有少量开元通宝、瓷罐、陶罐等。棺椁内一般放置铜镜。在 M5 东侧的地面曾采集一块墓志，村民报告为从该墓盗出，墓主人为李旷，曾为东阿县令。位于西侧的 M2、M3 和南端的 M32 的墓主人分别为李守璞、李无畏和李仙童，均为李旷之孙。M3 经过二次埋葬，根据墓志记载，此墓系公元 700 年迁葬于此。另外，当地文管部门还在发掘区东部的取土区获得一块李旷之子李寿谛的墓志。从这批唐代李氏家族墓葬在排列布局上大致反映出了唐代家族墓地昭穆制度。

金代墓葬发现 2 座。均位于Ⅰ区，且墓葬形制、结构基本一致，均为石室墓，由墓道、墓室等部分组成。墓葬均遭到后期严重破坏，仅 M36 出土瓷盘 1 个。

南白楼墓地时代特征明显，基本上可分为战国中晚期、唐代、金代和明、清时期。战国中晚期墓葬，中期赵国的特征较为明显，晚期虽受中山国的文化影响，但基本融入了中

彩绘盖豆（战国）

彩绘盒（战国）

彩绘盘豆（战国）

彩绘盘豆（战国）

彩绘盘豆（战国）

彩绘陶杯（战国）

彩绘陶壶（战国）

彩绘陶壶（战国）

彩绘陶鸟形器（战国）

彩绘陶盘（战国）

彩绘陶碗（战国）

彩绘小陶壶

彩绘柱盘（战国）

玛瑙环（战国）

玛瑙环（战国）

玛瑙环（战国）

铜带钩（战国）

铜带钩（战国）

铜盆（战国）

暗纹陶壶（战国）

暗纹陶鼎（战国）

鸭形陶尊（战国）

玉镯（战国）

黄釉双系罐（唐）

黄釉双系罐（唐）

黄釉双系罐（唐）

双耳罐（唐）

月宫故事铜镜（唐）

原一统体系，反映了战国晚期民族文化交流融合的历史进程。唐代，这里是贵族李氏家族墓地，每座墓葬都出土墓志，墓主人、墓葬纪年，各墓葬之间的关系都十分明确，对研究唐代家族墓葬的排列制度——昭穆制度提供了重要的依据。金、明、清代三代，这里是平民墓葬区，为研究当时的社会生产力发展水平和埋藏习俗提供了资料。（余西云、李默然、宋海超，《河北元氏县南白楼战国秦汉墓地的发掘》，《考古》2018年第2期。宋海超、余西云，李默然，《河北元氏县南白楼墓地唐代墓葬发掘简报》，《考古》2018年第8期。）

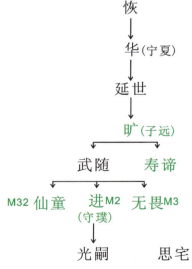

墓主人身份排序

元氏南程墓地

　　元氏南程墓地位于元氏县南程村西南 500 米、陈郭村东南 50 米处。墓地坐落于潴龙河之北、金水河之南，距离常山故城仅 1680 米。南水北调渠线从墓地中间穿过。2009 年 11 月至 2010 年 5 月，对渠线占压区域进行全面的勘探与抢救性发掘。共计勘探面积 13000 平方米，发掘汉代墓葬 126 座、汉代砖窑 2 座。现将发掘工作介绍如下。

　　墓葬分为土坑竖穴墓、带斜坡墓道土坑墓、竖井式墓道洞室墓及砖室墓。其中土坑竖穴墓占主体。共出土可复原器物 371 件，其中陶器 321 件、铜器 23 件（组）、陶俑（马）19 件、其他 8 件。

　　土坑竖穴墓以一棺一椁为主要形式，椁的形式多样，有木椁、石椁、砖椁三种。棺外侧、椁室顶端置随葬品，部分墓葬椁室外侧做龛式，龛内置随葬品。墓葬以南北向为主，少数东西向，均为单人葬，两个一组现象明显，应为夫妇异穴合葬。葬式多为直肢葬，有少数屈肢葬。土洞墓，墓道为长方形竖井式，底部呈斜坡状，东高西低，顺墓道方向纵向掏洞，洞室为弧曲形顶，底面呈长方形。砖室墓多被破坏，形制不完整。一般为带斜坡墓道，墓室作窄长方形，四围砌砖墙，顶部不明。较大型砖室墓由斜坡墓道、甬道、前室、后室四部分组成。随葬品有陶瓮、罐、盆、灶、楼等，并有成串的五铢钱。

　　砖窑呈东西向，椭圆形，由窑门、火膛、窑室和排烟系统四部分组成。窑前有操作坑。坑内出土有砖坯、青砖等实物。

　　南程墓地规模庞大，墓葬密集，类型多样。土坑竖穴墓随葬品可分为两类，第一类出土罐、盆等实用器皿。第二类出土鼎、盒、壶、俑等成组礼器。前期，随葬品多实用器为主。晚期多为实用器与成组礼器共同随葬，但摆放位置有别。从出土器物分析土坑墓年代应为西汉时期，反映了西汉经济文化的发展带来葬俗的转变。较大型砖室墓时代应为东汉时期。

在本次发掘区附近发现多处两汉时期墓葬，应是汉代常山郡故城的平民墓葬区。汉高帝三年（前204年）移恒山郡治所至元氏，历两汉王朝，数度置郡置国，均治元氏，隋末元氏故城废，这座故城先后沿用了800多年。南程墓地的发掘及资料的梳理，可以建立起河北中南部两汉墓葬的演变序列，促进两汉常山郡历史的研究。（张春长、魏曙光，《常山郡元氏故城南程墓地》，科学出版社，2014年。）

土坑竖穴墓（西汉）

砖室墓（东汉）

石椁墓（西汉）

土洞墓（西汉）

印章背面桥形纽（西汉）

印章正面文字（西汉）

带钩（西汉）

骨笄（西汉）

陶壶（西汉）

三足泾（西汉）

赞皇南马墓地

　　南马村墓地位于赞皇县西高南马村，西北距赞皇县城约 6000 千米。该墓地位于南马村东北边乡间公路两侧，地势平坦。南水北调施工渠线南北穿过墓地。2009 年，对墓地进行抢救性发掘。勘探面积 11000 平方米，经勘探，发现该墓地北边全部为砖室墓，墓地南边除发现砖室墓以外，渠线范围内还发现一处商代遗址。实际发掘面积 1644 平方米。

　　遗址地层堆积与文化分期：第①层，现代耕作层。第②层，扰土层，包含有较少的明清青花瓷及黑釉瓷片。第③层，唐宋文化层，包含物较少，主要为青瓷、黄釉瓷残片，器形有碗、杯、壶等。第④层，商文化层，有大量的陶器残片，少量的石器、骨器、动物骨骼等。第⑤层，商文化层，夹有少量的红烧土颗粒，包含物极少，仅见少量的陶器残片及个别兽骨。

　　商文化遗存可分两期，一期出土遗物均为陶器残片。以泥质灰陶为主，泥质红陶、夹砂灰陶次之，另有少量的夹砂黑陶，部分泥质磨光黑陶。制法以轮制为主，部分罐、盆腹部残片上有较明显的轮制痕迹。纹饰以绳纹为主，弦纹次之，另有方格纹、戳印纹、三角形纹、圆圈纹、夔龙纹、人面纹等。二期遗存出土遗物主要为陶器，另有少量石器、青铜器及卜骨。陶器的陶质陶色和一期遗存差不多，看不出明显的差别，纹饰以绳纹为主，另有弦纹、附加堆纹、三角纹、网格纹、戳印纹、圆圈纹等。器形有罐、盆、鬲、甗、缸、豆、盖纽等。

　　一期文化遗存Ⅰ式鬲，形制与磁县下七垣第三层（商代早期）所出陶鬲基本相同，与山西绛县柳庄遗址所出陶鬲也非常相似。所出卜骨有钻有灼，钻坑大小不一，都不见凿痕。这种卜骨所表现的特点，具有早商阶段的风格。因此，一期文化遗存的年代应为商代早期。

　　二期文化遗存出土的陶鬲，在颈肩结合处饰一周附加堆纹，腹部再施竖条状附加堆纹，在河北武安赵窑遗址商代中层文化中能找到基本相同的器形。略呈圆锥形状或菌状顶的盖纽亦为商代早中期遗存中所习见。石镰与河北内丘小驿头商文化遗存所出 C 型石镰相似。铜箭镞与下七垣第二层（商代中期）所出铜箭镞相似。所以，二期文化遗存的年代也应在商代中期或中期偏早阶段。

发掘汉代砖室墓葬 9 座。其中，8 座砖室墓、1 座土坑墓。砖室墓按墓葬结构可分为带墓道三室墓；带墓道二室墓；无墓道长方形单室墓；带墓道刀把形墓几种类型。M1，有墓道砖室墓，分前、中、后三室，早年有高大封土堆，由于多年破坏，仍保存了少量封土，封土堆残高 4.05 米、残宽 4.5 米，推测原封土堆直径达 30 米以上。墓葬结构由南向北依次为墓道、封门墙、前室、甬道、中室、甬道、后室，总长 13.86 米，墓口至墓底残深 3.05 米。墓道朝南，长斜坡墓道，坡度 30°，墓道下口距地表残深 3.2 米、残长 6.8 米；墓道北部为砖砌封门墙，封门墙保存较好，残高 2.6 米；封门墙连接前室，前室长 2.4 米、宽 2.4 米、残高 2.88 米；前室与中室有甬道相通，甬道长 2.4 米、宽 0.96 米、残高 1.6 米；中室长 3.08 米、宽 3.08 米、残高 2.4 米。中室与后室有甬道相通，甬道长 1.8 米、宽 1 米、高 1.68 米；后室长 2.88 米、宽 2.88 米、残高 2.2 米。墓室为三平一竖或为六平一竖砌筑，前、中、后三室皆在距墓室底部 1.68 米处起券，券顶已全部坍塌，推测应为四边攒尖顶砌法。墓底残存部分铺地砖，为斜向错缝平铺。地砖的规格与墙砖一致，皆为青灰色，无纹饰，长 0.26 米、宽 0.14 米、厚 0.06 米。由于多次被盗，随葬器物大多不在原始位置，且多已破碎。陶器类有瓮、鼎、罐、盆、奁、案魁、耳杯、灶、圈厕、磨、狗、鸡、鸭和厨俑、侍俑、劳作俑等。其中造型生动的劳作俑在以往的发掘中很少发现。金属器中发现有铁甲片、环首铁刀、铜钱等。南马村这批墓葬的器物与河北武邑中甫东汉墓群同类器物比较，在器形风格上十分相似，且墓葬形制也大体相同。因此赞皇南马村这批汉墓的年代应与上述墓地基本同时，处于东汉中晚期阶段。（盛定国，《"赞皇南马墓地"考古发掘完工报告》，2009 年。）

陶鬲（早商）

瓦当（东汉）

陶鸡（东汉）

黑白照片

陶壶（东汉）

邢台后留北遗址

邢台后留北遗址坐落在河北平原南部，西面不远即是太行山东麓，北濒七里河（滏阳河支流），南距邢台市桥西区李村乡后留村1000米。遗址东北距邢台市区14公里，与北面和东北面的东先贤、葛庄、贾村、邢台粮库等著名商代遗址隔河相望。2007年5—10月，对该遗址进行考古发掘，发掘面积4100平方米。遗址文化堆积深厚，厚度一般在1—3米左右，局部可达5米。除发现少量东周以近的遗迹外，余皆晚商时期遗存。

发现晚商时期灰坑71个、房址13座、土坑墓34座、瓮棺葬24座、窑址2座、沟1条。获牛骨架22具、马骨架4具、羊骨架8具、猪骨架7具。出土遗物十分丰富，石器150多件、骨器160件、角器10件、残锥等小件铜器4件、复原陶容器500多件。

房址分为早、晚两期。早期的为半地穴式，平面形状有长方形和圆形两种，长方形房址较浅，带有门道，圆形房址较深，有的不见门道。这类房址均较小，面积不到10平方米，但保存较好，结构清楚。晚期的为地面建筑，平面形状长方形，面积多在50平方米以上，但保存欠佳，仅存夯土地基和墙基。

祭祀坑。H69底部经火烤成一层硬壳，上面整齐地安放四头大黄牛，牛头一律朝东。附近有一座烧制陶器的窑址。还发现埋葬一具牛（或马、猪、羊）的坑。

陶鬲窖藏坑。H71底部出土18件陶鬲，全部倒扣于一个斜坡上，摆放整齐，应是有意而为。这些陶鬲大多完整无缺，少量残破但可复原。其西北2米远处有同层位下开口的圆形半地穴房址F2，二者可能存在联系。

陶窑，火膛内残留较多陶鬲，有的是器坯。火门外的操作间堆满灰烬和残陶片。窑室多被破坏。

后留村北遗址出土一批特色器物，如铸铜陶范残块，从内壁花纹可知所铸器形为青铜尊或觚、爵类，上有纤细的卷云纹及云雷纹等，造型精致。一件泥质红陶深腹钵外表塑一人面，其下线刻"大"字形人身，一手上折，一手下折。还出土一件带神秘刻划纹的陶拍。并发现多件卜骨、卜甲。

晚商时期遗存以殷墟三、四期为主，文化面貌与安阳地区同类遗存别无二致；柱足联裆鬲从殷墟三期发展到四期，脉络清楚，应是晚商文化中自有之物。后留北遗址在七里河南岸的晚商时期遗址中具有代表性，从年代上看，比河之北岸邢台粮库、葛庄等遗址起始要晚，经历的时间也明显要短，由此或可推测，邢台市区附近的七里河沿岸商代遗址，在先民心目中当以河之北侧的更为重要，南岸的遗址略居次要的地位。这可能是七里河沿岸晚商遗址分布上的一个特点。（朱延平，《"邢台后留北遗址"考古发掘完工报告》，2007 年。）

遗址全景（南—北）

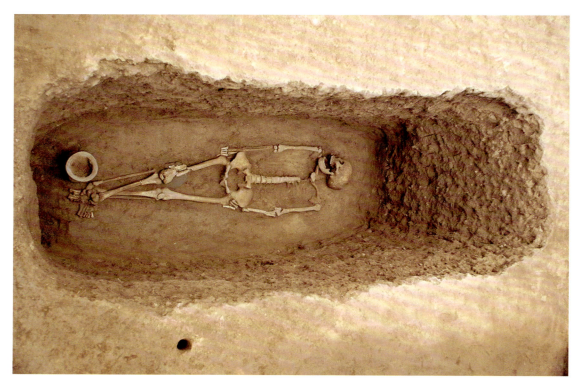

墓葬（晚商）

牛坑（晚商）

房址 F8—F10 夯土基址（东—西）（晚商）

陶鬲窖藏坑（晚商）

灰坑（晚商）

器物窖藏坑（晚商）

灰坑（晚商）

人面纹红陶大口罐细部（晚商）

夹砂灰陶带字盆文字细部（晚商）

房址（晚商）

带字夹砂灰陶盆（晚商）

人面纹红陶大口罐（晚商）

刻划纹陶拍背面（晚商）

刻划纹陶拍正面（晚商）

铸铜陶范（晚商）

陶方口罐（晚商）

石磬（晚商）

铜镞（晚商）

人体腰椎骨铜镞（晚商）

卜骨（晚商）

卜甲（晚商）

带鋬陶鬲（晚商）

鹿角（晚商）

深腹陶盆（晚商）

陶大口尊（晚商）

陶鬲（晚商）

陶簋（晚商）

陶盆（晚商）

临城解村东遗址

　　临城解村东遗址地处太行山东麓，临城县临城镇解村东约500米的汦河南岸的二级阶地上，地势平坦。遗址主要分布于南北向旧水渠两侧，北至解磐土路，东邻到棉站西围墙，南临南磐石与苗大线相连的村水泥路，西与苗大线公路相望。遗址现存面积约25000平方米。延续时间长，包含仰韶、先商、商、战汉、唐宋、明清等六大时期。其中仰韶、先商时期文化遗存的发现是本次发掘的重要收获。

　　遗址文化堆积大致分为二层：第①层：耕土层，厚0.02—0.30米。第②层，黄褐砂土，厚0.15—0.30米之间，探方中分布不均匀。遗迹多开口于该层下。发现各个时期的灰坑223个、墓葬5座、房屋1座、灰沟5条、窑址2座、井1眼，复原各个时期陶、瓷器近150件，石、骨、角、铜、铁器等合计上百件。

　　仰韶时期遗迹主要为灰坑。出土遗物主要有陶、石器等。陶器有夹砂、泥质两种，泥质陶多为红色，局部呈灰色，纹饰少见，仅在个别陶片上依稀可辨有彩陶纹样。器形主要有敛口钵、罐。夹砂陶器表斑驳，以红、褐、黑为主，素面为主，个别罐腹上部施弦纹，少数陶器上有宽扁的鋬耳。器形主要有小口壶、罐、碗等。还出有少量的陶环等。石器主要有斧、锛、铲等。

　　先商时期遗迹主要有灰坑、窑址等。窑址为竖穴窑。出土遗物主要有陶、石、骨、角器等。陶器以夹砂陶为主，亦见有泥质陶，含灰陶、褐陶、黑灰陶，制作精致。陶器中素面陶比例不高，磨光陶较为发达。纹饰有绳纹、弦纹、压印纹、方格纹、戳印纹、三角划纹等。陶器以平底器为主，三足器次之，有极少量的圈足器。近半数平底器器底饰有纹饰。器形有鬲、甗、鼎、豆、壶、罐、盆、蛋形瓮、爵等。石器主要以镰为主，另有铲、穿孔石刀等。骨器有锥、匕等，还有鹿角锥等。

汉代遗迹主要发现有灰坑、墓葬、井等。出土遗物有瓮、甗、盆、瓦等。墓葬出土有较多的五铢钱，随葬有仓、灶、井、陶猪圈等。

唐宋时期遗迹主要发现有灰坑、房基、墓葬等。地层中出有唐宋时期的瓷片、窑具等。瓷器以白瓷瓷片多见。

临城解村东遗址仰韶时期文化内涵基本与冀中南地区后冈一期文化先商时期文化遗存的发现接近。先商文化则属于下七垣因素。商文化与豫北地区的商文化基本相同。临城解村东遗址地处太行山东麓南端，遗址面积大，延续时间长。其发掘有利于冀中南地区后冈一期文化的特征、年代及其分布地域的深入研究；先商文化的发现对促进下七垣文化的分期、地方类型的划分以及下七垣文化的综合性研究有推进作用。同时，该遗址发现的对于研究商文化的分布范围具有重要意义。战汉、唐宋时期遗存的发掘为冀南地区战国、隋唐时期的考古学文化研究提供了丰富的材料。（霍东风，《"临城解村东遗址"考古发掘完工报告》，2009 年。）

解村东遗址全景航拍

遗址探方平面图

灰坑（新石器时代）

房址（唐）

陶窑（先商）

陶仓（东汉）

出土卜骨（先商）

石器（新石器时代）

陶钵（新石器时代）

陶鬲（先商）

陶器口部（先商）

陶豆（先商）

陶盆（先商）

石斧（先商）

釉陶壶（东汉）

青瓷碗（唐）

临城张家台遗址

临城张家台遗址位于临城县县城临城镇东南黑沙一村东北约100米的两条冲沟交汇地带。地势西高东低呈阶梯状分布。遗址的北、东、西部均为冲沟，西南部为现居民区。在遗址地表和断崖散见绳纹陶片和瓦片，亦见有灰陶罐、盆等器物残片。

2009年6月，进行发掘。发掘面积2000平方米。共发现七层地层堆积，其中第①、②层属于近现代耕土层，第③层为明清文化层，第④、⑤层为宋元文化层，第⑥、⑦层为西汉时期文化层。共清理灰坑161座、灰沟30条、水井1口，绝大多数属于西汉时期。部分灰坑形制较为规整，圆口直壁，推测为窖穴。

该遗址出土遗物主要为陶器和瓦类残片，还有少量铜器、铁器和石器等。可辨识器物种类有陶盆、陶壶、陶盂、陶瓮、陶甑、陶釜、盘状器、陶纺轮、筒瓦、板瓦、铁削、铁锄、磨石等。

从整个发掘区来看，西汉时期遗迹集中分布在东、西两区。出土西汉时期陶器主要是生活器具和陶瓦两大类。其中，生活器具按质地可分为泥质和夹砂两类。器形有盆、甑、盂、瓮、壶、钵、盘状器以及一些陶纺轮和陶饼等，其中陶盆占绝大多数。石器主要有石饼、磨石、石斧和石刀等。铁器主要有铁刀、铁犁残件、铁削、铁钉、铁镰、铁铲和铁斧等。铜器仅发现铜钩1件。

张家台遗址146个西汉遗迹中，分别属于西汉中、晚期前后两期遗存的连续性很强，其共性一体性特征也很强烈。出土的形制相似、规格相近的盆、釜类遗物广泛分布于邢台邯郸地区。该遗址出土的盘状器器体厚重，陶土中掺杂植物梗茎较多，使得器体陶质疏松透水性强。该器类不是首次发现，但其用途却一直众说纷纭。内丘张夺发掘报告称之为"轮盘形器"，并归入与窑相关器物，永年榆林遗址简单称之为"构件"，具体功用也没有做进一步考究。前者出土于窑附近的灰坑和地层中，后者出土于地层中，但该遗址未发现址，但发现有井。其用途还有待进一步考证。

宋元时期的灰坑根据开口形状，可分成圆形、椭圆形和长方形三大类，根据坑壁和坑底形状又可细分筒状、锅底状和袋状几小类。大多灰坑形状规整。

综上所述，张家台遗址的发现能够进一步丰富该地区汉代的考古学研究材料，出土的大量生活、生产以及建筑用具等有助于加深对西汉时期社会生产生活等各方面的认识。（魏坚、郑君雷，《方等与张家台》，文物出版社，2017 年。）

临城方等遗址

　　临城方等遗址位于河北省邢台市临城县鸭鸽营乡方等村村西南约 800 米的午河台地之上。南水北调中线干渠从遗址中部穿过。2009 年 6 月，对遗址进行发掘。共发现各种遗迹103 个，共清理房址 3 处、墓葬 7 座、灰坑和窖穴 86 个、水井 2 眼、沟 5 条。出土遗物按质地分有陶器、铜器、铁器、骨蚌器和瓷器。时代有商周时期、汉代、宋代。

　　商周时期遗存　共清理灰坑 5 座，其中，圆形灰坑 2 座、椭圆形灰坑 3 座，大部分灰坑的坑壁、坑底有明显的人为加工痕迹，包含物较杂，推测应为古人堆弃的垃圾坑。出土遗物以陶器为主，也见有少量的石器、骨器和铜器等。陶器多为泥质灰陶，其次为夹砂陶，器物经慢轮修整口沿，纹饰多为绳纹，粗、细绳纹并存，也见有弦纹和方格纹等纹饰。器物种类主要有罐、鬲、盆、钵、豆、碗、樽、杯、罩等，器形较为单一，均为生活器具。其他质地遗物只见石刀、骨镞、铜带钩等日常生活用具。

　　汉代遗存　发现 1 处院落遗迹，3 座房址，1 眼水井，7 座墓葬，79 座灰坑，5 座灰沟。院落平面呈长方形，长 25、宽 18 米。院落内分布有院墙、3 座房址（F1、F2、F3），按南北方向排列，根据地势及院落布局，3 座房址应是坐西北朝东南。F3，墙基由黄土夯筑而成，深 10—15 厘米，墙体由青砖砌筑，青砖规格约为 30×20×7 厘米，北侧墙体厚度约 1.2 米，南侧墙体厚度约 1.5 米，东、西墙体厚度约 1.2 米。墙基上有直径 5—8 厘米的夯窝。居住面为黄褐色土，土质较硬，厚 2—5 厘米。房址东南处出土一础石，直径 0.54 米，中部偏东也发现有一础石，长 0.34、宽 0.26 米，均位于室内地面。灶位于房址内东北角，平面呈长方形，长 2.4 米、宽 1 米，为砖石混砌。灶门宽 0.36 米、火膛长 1.06 米。灶门前有一灰坑，内存放灰烬，长 0.66、宽 0.46、深 0.38 米。灶北部与火膛相连处见有一长 0.46、宽 0.34、深 0.37 米的椭圆形坑，判断应为烟囱。门址位于房址东南角，宽 0.89 米。房址内的堆积较厚，灰黑色土，质地坚硬，夹杂着许多红烧土块及灰烬，另在房址西南部发现几处陶器残片集中的分布点，陶片多为泥质灰陶及红陶残片。并堆积有大量板瓦，系房顶坍塌后遗留。出土遗物可辨器形有陶釜、陶盆、陶钵、筒瓦和板瓦等。

墓葬多为土坑竖穴墓，由于破坏严重，个别墓葬底部保留有残砖。M3，圆角长方形土坑竖穴墓，墓口距地表 0.30 米。墓口长 2.10、宽 0.95 米；墓底长 2.05、宽 0.90、深 1.2 米。墓室略呈口大底小。单人葬，侧身屈肢，人骨保存较差，头向北，面向东。未见随葬品。

宋代遗存 发现墓葬 2 座，一座为圆形砖券穹顶墓，另一座为洞室墓，均被盗扰，出土物较少，主要为瓷碗、铜钱。

M4，圆形砖砌单室墓，由墓道、墓门、短甬道、墓室组成。墓道位于墓室南侧，为斜坡式，平面近似长方形，距墓道口 20 厘米处有一宽 20 厘米的二层台。墓道上口距地表 0.10 米，长 3、宽 1.2 米。砖砌墓门，宽 1.22、高 1.6 米。由底至上横纵交错砖砌，墓门顶部两层顺砖平砌，上有两层砖平放铺砌，砖角朝外，其上两层顺砖铺砌，再上为凸出的砖雕滴水，滴水有 8 个，滴水之上为四层顺砖。墓门由残砖平放封堵，少数立起，残砖封至墓门顶部，封堵无规则，由下而上斜收成弧形。短甬道，长约 0.68 米，宽约 1 米，残高 1.66—1.74 米。墓室平面呈圆形，墓口直径 2.5 米，墓底直径 2.66 米，墓顶已坍塌，残高 1.8 米。从残留的墓顶砌筑方式来看，该墓墓顶应为券顶。墓底北部筑有棺床，仅存少量青砖，棺床距甬道内口 1.2 米，棺床南侧边缘用砖砌筑，并与东西侧壁衔接。上无葬具。人骨保存较差，仅见少量几块肢骨，未发现随葬品。

方等遗址地理位置上属于冀南地区。自 20 世纪 50 年代以来，冀南地区发现了大量商文化遗址，主要有涧沟、龟台寺、界段营、下七垣、下潘汪、赵窑、曹演庄、何庄、贾村、南大郭、南三岐、西关外、东先贤等，其分布以邯郸、邢台等地区为多。大量的考古资料充分表明，当时商族在这一区域内居住时间较长，活动较为频繁，而方等遗址正位于商族频繁活动的主要区域。方等遗址陶器多为泥质灰陶，其次为夹砂陶，器物经慢轮修整口沿，纹饰多为绳纹，粗细绳纹并存，也见有弦纹和方格纹等纹饰。器形主要有罐、鬲、盆、钵、豆、碗、樽、杯、斝等，器形较为单一，均为生活器具。其他质地遗物也只见石刀、骨镞、铜带钩等日常生活和生产用具，不见等级较高的青铜礼器与玉器等。

从地层关系和出土器物判断，该遗址中不见下七垣等先商、早商文化遗存，从零星发现的遗迹和遗物所揭示出的古代文化面貌与冀南其他地区考古发现的中晚商时期遗存有着很强的一致性，所见商代遗存年代应为中晚商时期。鉴于此，方等遗址为研究本地区商中晚期古代社会经济生活提供了新资料。

汉代遗址中出土遗物较丰富，以陶器为主，绝大多数为日常生活用具和制陶工具，大多出土于灰坑中。陶质以泥质灰陶居多，少量为夹砂陶，也见有红陶、黑陶器，纹饰以绳纹最为普遍，另有部分弦纹等，素面陶器亦占一定数量，器形有罐、盆、鬲、钵、豆、釜、瓮、杯等，不见汉代出土较多的鼎、盒、壶器物组合以及灯、井、灶、仓等明器。年代应在西汉早中期，方等遗址汉代遗存应为西汉早中期的民间村落遗址，墓葬的形制和出土的随葬品应为平民阶层经济能力的真实体现。

方等遗址延续时间很长，文化遗存十分丰富。不同时期，遗址所体现出的考古学文化面貌也不尽相同。通过发掘出来的房屋、墓葬、灰坑、水井等遗迹现象，出土的陶罐、陶豆、铜镜、钱币、蚌刀、骨簪、瓷碗等生活用品，以及铁刀、铁锄、铁犁铧等生产工具来看，方等遗址应当为一处延续时间很长的平民聚落遗址。该遗址的发掘，为冀南地区聚落遗址的研究提供了新资料。（魏坚、郑君雷，《方等与张家台》，文物出版社，2017 年。）

临城补要村遗址

  临城补要村遗址位于临城县东部临城镇补要村与村东南镇楼公路南北两侧的农田中。经初步调查勘探，遗址面积约 6 万余平方米，文化堆积厚 0.5—3.2 米。南水北调中线干渠从遗址中部穿过。2009 年 6 月，对遗址进行了较大规模的田野调查钻探与发掘，发掘面积约 4300 平方米，发现仰韶文化晚期、先商时期、晚商时期、汉唐时期遗迹与遗物。其中以仰韶和夏商时期遗存最为丰富，且有自己的特色。

  仰韶时期 集中分布在发掘区北部，发现窖穴与灰坑约 60 座、房基 1 座、陶窑 3 座、灰沟 6 条。房基仅残存底部，为半地穴式建筑。灰坑有圆形、椭圆形、不规则形，多数深约 1 米。出土遗物主要为陶器、石器、鹿角器等。陶器中夹砂陶多于泥质陶，有灰陶、褐陶、红陶等，夹砂陶大多陶色不够纯正。陶器以素面为主，纹饰有附加堆纹、篮纹、弦纹、划纹、压印纹、戳印纹、指甲纹、箍带纹等。部分器类腹部装饰鸡冠耳、柱状耳、带状耳或鋬耳，有的陶器口部压印花边。彩陶数量较多，一般饰以红褐或黄褐色陶衣，有红彩、紫褐色彩及少量黑彩，纹样有弧边三角纹、斜线纹、竖线纹、水波纹、水滴纹、网格纹、吊环纹等。夹砂陶器以小口罐、甑最为常见，二者组合配套作炊器使用。其中甑往往在腹部加装 2 个至 4 个柱状耳或鸡冠耳、鋬耳。夹砂陶器还有箍带纹小口高领瓮、罐、器盖、筒形杯、直口折沿小罐、小平底碗等。泥质陶器有小口高领壶、折腹盆、盆、罐、钵、碗等。石器有大型石铲、斧、凿、锛、纺轮等，石环数量较多。鹿角器有角锥。骨器有骨耒。蚌器以蚌镰和穿孔蚌刀较为常见。水生动物遗骸以各类贝壳为多。该时期遗存的文化特征和分布于豫北冀南地区的大司空类型面貌有相似之处但又有较明显的差异，或属于大司空类

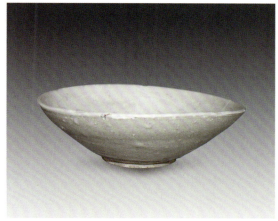

白釉碗（唐）

白釉碗（唐）

白釉碗（唐）

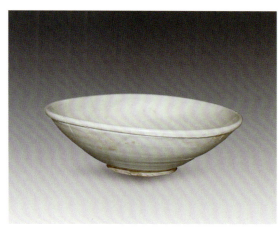

白釉碗（唐）

白釉盘（唐）

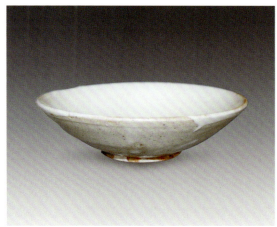

白釉碗（唐）

型同时期的另一个仰韶文化地方类型。

先商时期 集中分布在发掘区南部，发现窖穴与灰坑近20座、房址1处。F3为近长方形半地穴式建筑，墙壁及地面加工良好。灰坑以圆形坑最为常见，另有椭圆形和不规则形。出土遗物主要为陶器、石器等。陶器中夹砂陶略多于泥质陶，有灰陶、褐陶和黑褐陶，陶器制作较精致。陶器中素面陶比例不高，磨光陶器较为发达。纹饰有绳纹、线纹、压印纹、弦纹、篮纹、戳印纹、楔形点纹、三角划纹等。陶器以平底器占绝大多数，三足器次之，有极少量的圈足器。近半数平底器器底饰有纹饰。陶器器类有鬲、甗、鼎、豆、橄榄罐、深腹罐、折腹罐、小口瓮、平口瓮、鼓腹瓮、圈足蛋形瓮、盂、大敞口平底盆、深腹盆、尊、盘形豆、碗形豆、斝、器盖等。陶器器类组合较为固定。石器以石镰最为常见，另有铲、穿孔石刀、有肩石铲、斧等。玉器有玉璧1件。角器为鹿角锥。文化面貌受东方岳石文化和冀北地区同时期文化影响明显，与已发现的先商文化遗存相比，有自己独有的特色。

晚商时期 遍布整个遗址发掘区，发现窖穴与灰坑200余座、灰沟2条、墓葬16座、陶窑3座、冶铸地面遗迹1处、祭祀坑及"燎祭"场所8处。灰坑以圆形坑最为常见，另有椭圆形及不规则形灰坑，坑壁一般加工较好，部分灰坑略呈袋状。墓葬形制有竖穴土坑墓和瓮棺葬。竖穴土坑墓葬不见腰坑及殉狗。瓮棺葬大多数有较浅的墓圹，葬具以瓮和鬲最为常见。陶窑皆为升焰窑。冶铸地面遗迹可见密集的炭渣与烧土，地面可见烧流痕迹，地面踩踏痕迹较明显，散见陶范、坩埚及破碎铜器碎片与卜骨。祭祀坑分人祭和牲祭，用牲为牛、猪和狗。出土遗物以陶器为大宗，常见器形有鬲、鼎、盆、豆、假腹豆、罐、簋、瓮、敛口钵等，另有少量的瓿、爵、卣、壶等器类。石器常见的有斧、镰、铲、刀、凿等。骨器可见耒、耜、锥、笄、针等。铜器有镞和破碎的鼎、簋口沿。卜骨与卜甲较为多见。发现的人祭坑、铸铜陶范、原始瓷等说明补要村遗址在晚商时期是一处等级较高的聚落址。

东周至秦汉时期 发现石砌墙基的房屋2座，建筑过程为先挖掘方形基坑，以石块垒砌墙基，之后垫土形成房屋地面。房屋中出土战国至汉代常见的瓮、甑、盆等陶器碎片及瓦片。

唐宋时期 主要遗迹为灰沟与墓葬。发现灰沟10条，墓葬21座。灰沟多为东西走向，应当与农田灌溉排水有关。墓葬多为土洞墓。土洞墓有竖穴墓道，部分墓葬以砖垒砌墓室。多为2人至3人合葬墓，葬式不规则。随葬器物有瓷碗、盘、双系罐、三足炉、三彩炉、陶罐、瓮、塔式罐、铜镜、铜带扣、带钩、钱币、铁钗、铁剪、玛瑙珠、陶珠等。多座墓

白釉碗（唐）

黄釉三足炉（唐）

黄釉双系罐（唐）

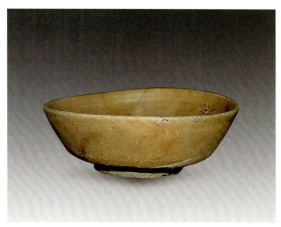

黄釉碗（唐）

黄釉碗（唐）

青釉三足炉（唐）

葬中发现有穿孔的砖或石块随葬，可能与某种葬俗信仰有关。

河北省中南部除武安赵窑、磁县界段营、下潘汪、邯郸百家村等遗址以外，少有堆积丰富、地层序列完整的纯粹的仰韶时期遗存，中部地区众多遗址中仅有零星单位甚至仅发现零星的仰韶时期陶片。长期以来冀中地区仰韶晚期因缺乏系统材料而被笼统地归入仰韶文化大司空类型。补要村遗址的发现说明冀中地区应是一个存在较为特殊文化特色的区域。补要村遗址所发现的先商时期文化因素与先商文化下七垣类型十分接近，但又存在自己的特点，陶器组合与已经发表的材料略有差异，这或许为探索文献所记载的商先公所居"砥石"的地望与冀南西部太行山东麓地区的先商时期考古学文化提供了新的线索。补要村遗址唐宋墓葬的发掘为冀南地区晚唐、五代至宋金时期瓷器制作工艺、产品流通、器物形态演变及葬俗信仰活动的研究提供了丰富的材料。

青釉双系罐（唐）

三彩三足炉（唐）

仰韶文化时期至夏代是中国古代文明孕育、诞生和初步发展的关键时期，河北省中南部地区又是当时文明产生、发展的中心之一。补要村遗址仰韶文化时期至夏代文化遗存丰富、系统，独具特色，是此次发掘收获的重中之重。这些材料的发现与进一步整理，将有力地促进中国古代文明起源的研究和夏商文化的研究。（王迅、常怀颖、朱博雅、柏柯，《河北临城县补要村遗址北区（南区）发掘简报》，《考古》2011年3期。王迅，《河北临城补要村遗址发掘取得重要收获》，《中国文物报》2008年。）

内丘南中冯遗址（墓地）

　　内丘南中冯遗址（墓地）位于内丘县五郭乡南中冯村东约 1200 米，从调查了解的情况看，遗址（墓地）范围广大。南水北调中线总干渠从遗址（墓地）中间穿过。2009 年，对遗址进行考古发掘。遗址分南、北两区，北部为遗址区，南区为墓葬区。遗址第①层为现代耕土，第②层为元明时期堆积，第③层为宋金时期堆积，第④层纯净，堆积年代不清，其下为生土。十六国至唐代墓葬开口于第③层下；金代墓葬开口于第②层下；明清墓葬开口于第①层下。

　　南中冯遗址（墓地）发掘清理的遗迹包括明末清初墓葬 8 座、金代墓葬 13 座、唐代墓葬 13 座、十六国到北朝墓葬 2 座。特别是十六国至北朝早期墓葬的发现填补了该地考古学文化研究的空白。洞室墓是该墓地主导的墓葬形制，从十六国到清代早期流行了一千多年。M33，台阶墓道洞室墓，开口距地表 0.56 米。墓道在南部正中，方向 188 度，平面约北宽南窄，南端为圆角，长约 4.94、宽约 1.1—1.4 米。墓道底面不规则，有台阶有斜坡，分三段：南端为三级高度不一致的台阶；中部是一稍宽的平台，二者之间有一高而陡的斜坡相连，斜坡中间有一脚窝；北部是斜坡。洞口有弧形封门砖，为平砖斜向交错砌起，中部被盗墓者拆毁，残剩底部几块和两边部分，高 1.36、宽 1.3 米。洞室底面不规则，圆角弧边，南北长 3.14、东西宽 2.7 米。周壁斜直内收，顶已塌毁，推测顶中心距墓底高约 1.9 米。墓南北通长 8 米、墓口距底 3.9 米。洞室内东西并列木棺两具，已朽。墓主人头南脚北，骨骼已成黄褐色粉末，性别、年龄等不详。出土随葬品 19 件，其中 3 件出自两棺内，其余出自东壁下。根据出土遗物推断，该墓葬的年代为唐代。在 M33 墓中随葬一件唐代白瓷盖罐，

墓葬随葬品出土情况（唐代）

墓葬随葬品出土情况（十六国）

通体圆润，色泽亮丽，即便是深埋千年，如今看来依旧光彩照人。另一件唐代三彩香炉，呈褐、绿、白三色，底部是个高足盘，上面托着一个五个力士造型的五足炉，在唐代的考古发现中，也极为少见。

内丘南中冯遗址发现的十六国至北朝时期的墓葬在河北省内发现较少，墓内出土的铜鼎、铜罐等器物具有标志性意义，是研究该地区十六国至北朝时期文化面貌不可多得的考古材料。另外，经发掘证明在墓地不远处即为邢窑所在地，发现的唐代细白瓷等反映唐代邢窑瓷器的盛况；这些瓷器间接反映了隋唐时期邢窑瓷器烧造盛况和该地区经济发展的阶段性繁荣。此外，该地区宋墓的缺乏，也成为邢窑在五代、宋时期在这一地区衰落的一个重要佐证。明末洞室墓向清初土坑竖穴墓的转变，对于研究该地区古代墓葬形制的演变和葬俗具有重要的意义。（王会民，《"内丘南中冯遗址（墓地）"考古发掘完工报告》，2006年。）

武士俑（唐）

文官俑（唐）

骆驼（唐）

狮子（唐）

女俑（唐）

瓷罐（唐）

石铲

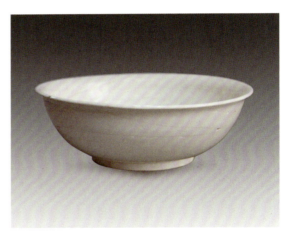

瓷碗（唐）

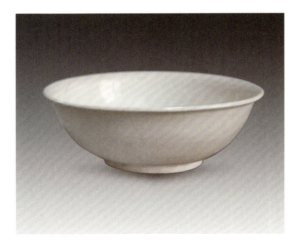

瓷碗（唐）

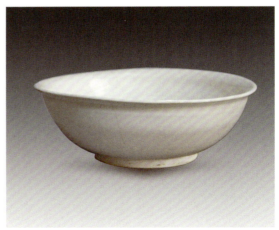

瓷碗（唐）

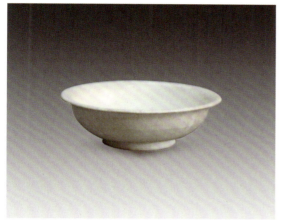

瓷杯（唐）

瓷杯（唐）

瓷碗（唐）

瓷盘（唐）

女俑（唐）

铜鼎（十六国）

铜罐（十六国）

白瓷罐（唐）

三彩炉（唐）

陶马（唐）

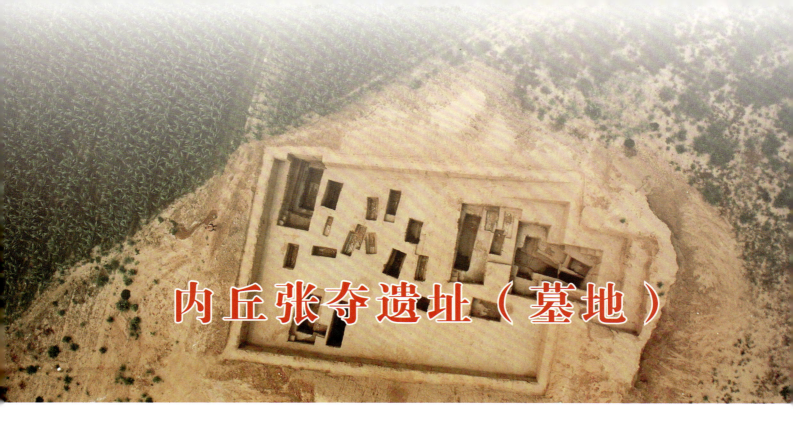

内丘张夺遗址（墓地）

内丘张夺遗址（墓地）位于内丘县大孟镇张夺村东南部，西部地势略高，沙性土质，北部有一东西向季节性河流——马河，西北凤凰村，分布汉代封土墓数座。张夺遗址（墓地）分三区，第一、二区为遗址区，第三区为墓葬区。遗址区文化堆积分三层：第①层，耕土层，厚0.2—0.3米。第②层，为黄土层，厚0.2—0.4米，窑址、灰坑、道路等遗迹多开口于该层下。第③层，灰褐土层，南部地层较厚，厚0.1—0.8米，为汉代文化层。第④层，为生土层。发现的主要文化遗存以陶窑为主，其他灰坑、井、沟、沉淀沟池等遗迹，可能与陶窑相关联，或为陶窑附属遗迹。Y2，主要由烟囱、窑室和窑前工作面三部分组成，南北通长7.94、东西宽3.5、残深2.7米，窑室长3.2米。窑前工作面位于窑室北侧。上口略呈圆角方形，南北两壁微弧，南北长3.4、东西宽3.3米；底部略呈长方形，南北长3.4、东西宽2.9米，底部距坑口1.7—2.1米。窑室北连窑前工作面，南通烟囱，由火门、火膛、窑床、烟道四部分组成，为半地穴式，平面呈鹅卵形。南北长3.2、东西宽2.34米，口至窑床残深1.5米，口至火膛残深2.72米。四壁用草拌泥找平、抹光。火门北接窑前工作面，南连火膛，拱形顶，高0.9、宽0.64、进深0.3米。火膛北接火口，南连窑床，平面呈半圆形。东西最长处2.1米，宽1.1米，深1.2米。窑床位于窑室南部，北接火膛，南连烟道，平面呈半圆形，床面平坦，南北长2.4、东西宽2.34米，面积约5.5平方米。烟道位于窑室南侧，北接窑床，南连烟囱，共有5个，拱形顶。为灰砖垒砌而成，现存高0.22—0.34、宽0.16—0.2米。烟囱位于陶窑最南端，北连烟道，由砖墙与窑室相隔。口小，底大，上口平面略呈长方形，东西长0.52、南北宽0.26米，南边线略呈弧形；底部呈半圆形，东西长

2.2、南北宽 0.64、残深 1.4 米。出土器物以陶板瓦为大宗，陶筒瓦次之，盆、罐、釜、炉类日用器较少。

张夺遗址墓葬区，发掘墓葬 100 余座。为战国、秦和两汉时期墓葬。从墓地整体看墓区内墓葬排列杂乱，墓葬之间有叠压打破现象。M53，带有生土二层台的长方形竖穴土坑墓，南北向，墓向 5 度。墓口距地表 0.6 米，距地表 2.5 米处，在墓室东西两侧发现生土二层台，生土二层台上有横向盖板痕迹。墓室长 2.06、宽 0.7、深 2.6 米。木棺板灰长 1.6、宽 0.5、残高 0.3 米。墓主人为仰身后屈肢单人葬。头北脚南，面向上，下肢后屈叠压于盆骨下。随葬陶罐 1 件。M83，是一座带有生土二层台的长方形竖穴土坑墓，南北向，墓向 7 度。墓口距地表 0.6 米，距地表 3.4 米处时，在墓室东西两侧发现生土二层台，生土台上有横向盖板痕迹。墓室长 3.8、宽 2.65、深 3.4 米。四壁较规整。木棺板灰长 2.1、宽 0.65、残高 0.1 米。墓主人仰身直肢单人葬。人骨已朽成粉末状。依据人骨残存痕迹判断应为头北脚南。随葬陶钫、陶罐、陶壶、陶瓮、陶车轮、陶鼎、陶盒、陶俑、铁刀、铜带钩等 12 件随葬品。

综合各时期的墓葬来看，战国时期墓葬形制为斗形，填土经夯打实，葬具一般为木棺、木椁。秦代出现长方形竖穴土坑墓，墓葬仍流行填土经夯打实，个别墓葬出现未经夯打现

张夺村南 1 号墓地俯视

张夺 2 号遗址 II 区俯视

张夺 2 号遗址 Ⅰ 区俯视

陶窑（西汉）

象，出现生土二层台形椁。西汉时期斗形墓室、夯土回填较为少见，墓葬形制逐渐被长方形竖穴土坑墓代替，墓葬逐渐变得较窄长。汉代早期晚段出现砖铺底墓葬，西汉中期早段前后出现砖椁墓，此时砖椁墓和生土二层台形椁并行。

战国时期陶器器形规整，少见器形歪斜和加工粗略者，胎质细腻，与后期器物相比较，此时期明器有可能来自外地。秦汉时期出现器形歪斜较粗劣者，胎质含砂量大，与当地土质基本相同，此时器物以当地制作者较多。多采用轮制和模制两种制法。所有的器物中，轮制制法最多，主要用于壶、鼎身、盘、匜、罐、瓮、盆等圆形器。表现在器表均为同心圆的轮旋线，多在平底器底部留有用线割的痕迹。匜一般先用轮制，然后用工具按压流和尾部凹槽。模制主要用于鼎足、鼎耳、陶俑等器具的制作。鼎足、鼎耳一般模制成型后，

土坑竖穴墓（西汉）

固定在器身上。陶俑一般用单模模制，合模成型。同时，还发现有彩绘陶器，彩绘一般绘制在鼎、壶、豆、匜、盘、盒等器物外表面。战国时期器物色彩较丰富，直接在外表面用红、绿、白等色彩绘制图案，这种彩绘方式一直沿用至西汉早期晚段前后。在大约西汉早期晚段，出现了在器表施白衣后再施彩的装饰手法，彩绘对比更强烈，色彩更鲜明。

通过对这些墓葬进行排比，没有发现墓地分属于某个家族墓地的确切依据，但是在小范围内仍可发现有一定关系的单体墓葬存在，从墓葬形制来看，在战国时期开始使用，墓主葬式以屈肢葬为主，直肢葬次之，这时期墓葬已具有秦文化因素。在战国晚期，以屈肢葬为特点的秦文化与当地汉文化相结合，屈肢葬和直肢葬并存；进入秦代，以仰身后屈肢

土坑竖穴墓（西汉）

葬为代表的文化因素，进入张夺一带区域，形成侧身屈肢、仰身屈肢、仰身后屈肢葬和仰身直肢葬相结合的局面，进入汉代以后秦文化因素和以仰身后屈肢葬为代表的文化与汉文化融合，逐渐消失，被汉文化取代。张夺遗址墓葬区是战国、秦、两汉时期的平民墓葬，墓主人的贫富具有一定的差异，有的墓葬随葬 20 余件器物，有的墓葬无随葬品。此次发掘首次在邢台地区分理出秦文化因素，墓地从一个侧面反映了秦文化在张夺一带由开始进入、交融，逐渐融入汉文化的过程，为探索秦汉文化提供了重要资料。另外，出土了成组的具有地方特点的随葬品，为研究邢台地区战汉时期葬俗提供了重要依据。（李恩玮、李军、石丛枝，《内丘张夺发掘报告》，科学出版社，2011 年。）

土坑竖穴墓 M9 打破 M10

土坑竖穴墓（西汉）

墓葬 M100 头箱随葬器物（西汉）

墓葬 M81 头箱随葬器物（西汉）

陶坊（西汉）

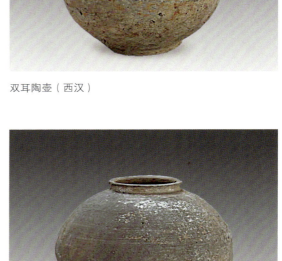

双耳陶壶（西汉）

铜铃（西汉）

陶罐（西汉）

陶鼎（西汉）

陶鼎（战国）

陶俑（西汉）

陶壶（战国）

沙河高店遗址

　　沙河高店遗址位于沙河县十里亭镇高店村西南，属半丘陵地带，东侧地势低洼。南水北调中线干渠从遗址穿过，2009年6月对遗址进行发掘。发掘面积1000平方米。遗址共分两层，第①层，耕土层，厚0.15—0.20米，黄褐色细沙土，土质疏松，含近现代杂物，遗迹单位均开口该层下。第②层，红褐土，厚约0.90米，土质致密、坚硬，主要包含物有陶器、石器。根据出土遗物判断，遗址南部第②层属仰韶时期。共发现遗迹单位31个，灰沟1条，分属仰韶、先商、西周、汉代四个时期。

　　仰韶时期　发现3个灰坑。H7，平面略呈三角形，坑壁弧形内收，圜底。东西最长处1.2米，南北最宽处0.8米，深0.5米。坑内堆积土色呈灰褐色，土质致密。夹杂有红烧土块、炭粒，包含有泥质、夹砂红陶片、兽骨、石器等。可辨器形有钵、盆、罐，钵口沿施带状黑彩。

　　陶片以泥质红陶居多，约占出土陶片总数的80%；夹砂红陶次之，约占出土陶片总数量的20%。陶器形制，与邯郸永年县石北口遗址出土陶器表现出较多一致性，属后冈一期文化。

　　先商时期　只发现灰沟一座。G4，自探方T1西北延伸至T2东南角，呈长条形，底部略平，沟壁上部较直、底部略内收。坑口长13.1、宽3.75—6.3米，坑底长13、宽3.5—6米，深0.95米。沟内堆积土质较疏松，出土少量陶片，可辨器形有鬲、罐、甗、豆、盆、瓮等，以鬲、罐为大宗。骨器有镞、匕、笄等，石器有铲、刀、斧、环等。

　　晚商遗存　发现30个灰坑，1条灰沟。H22，平面呈不规则形，剖面弧形内收，底部起伏不平。坑口东西最长 6.6 米，南北最宽 3.7 米，深 0.45—0.75 米。土质疏松，呈灰褐色，夹杂有红烧土块、炭灰粒。出土陶片有夹砂灰陶、泥质灰陶。纹饰有绳纹、素面、交错绳纹等。可辨器形有鬲、罐、盆等。

西周遗存 发现灰坑 1 座。H12，平面呈南北向椭圆形，剖面弧形内收，底部较平。南北长 2.9、东西宽 2.45、深 1.2 米。坑内土色呈灰褐色，土质致密，较坚硬。包含物有陶片、木炭块、兽骨、红烧土块等。陶片以夹砂红褐、夹砂灰陶为主，部分泥质灰陶。纹饰有绳纹、交错绳纹、附加堆纹、戳印纹等。可辨器形有鬲、小口罐、盆、簋、鼎、陶纺轮等。

汉代遗存 发现 2 座汉代砖室墓。M2，为单墓道带耳室砖室墓。墓向 105°。墓道位于墓室东侧。墓室近方形，砖砌券顶。此墓早年遭盗掘破坏，墓室四壁砌砖多已不存，现仅残留底部高 0.5 米的砌砖，可以看出墓室的结构。墓室东北侧有一小耳室，顶部砌砖也已塌毁，仅残存下部。墓道与墓室间有甬道，宽 1 米，拱顶。东侧墓口斜砖交错垒砌封门，现

遗址全景

只存底部 5 层。墓室用砖铺地，铺砖完整。墓口距地表残留 0.25 米，距墓底 2.3 米。墓道斜坡式，长 4.1、宽 1、深 0.7—2.2 米。墓室长 3.14、宽 3.04 米。墓室出土陶灶、陶井、陶罐、陶仓、绿釉陶瓶等遗物，在填土中发现五铢钱 1 枚。

通过对沙河高店遗址的发掘，获得了一批富有鲜明时代特征的遗物。仰韶时期文化遗存，陶片以泥质红陶居多；夹砂红陶位次。陶器形制，与永年石北口遗址表现出较多一致性，遗存年代应与其相当，属仰韶文化后冈类型。先商时期文化遗存与邢台葛家庄先商遗址出土陶器组合基本一致。只是前者炊器类花边口较后者少；前者以夹砂红褐陶为主，夹砂灰陶次之，泥质灰陶少数；后者泥质灰陶为主，夹砂灰陶次之，褐陶少数。在陶质方面，两者存在一定差别。晚商遗存中，主体文化面貌相当于安阳殷墟三期阶段。这一时期陶器组合仍以炊器为主，鬲、罐、盆、甑、盂、豆、瓮等出土相对较多。分裆乳足、宽折沿夹砂灰陶鬲，泥质磨光黑皮假腹豆，均表现出鲜明的特点。西周时期遗存出土的夹砂灰陶仿铜器出脊扉棱鬲，与邢台南小汪西周遗址 B 型鬲、邯郸磁县下潘汪遗址同期遗存中Ⅳ型鬲形制雷同。

M2 墓葬结构（东汉）

　　沙河高店遗址时代跨度较大，反映了各个时代地域文化的基本特点。仰韶遗存和先商、晚商、西周时期文化遗存的发现，为建立本地史前、商周时期考古序列和编年增添了新的资料。（李恩玮，《"沙河高店遗址"考古发掘完工报告》，2010 年。）

灰坑 H13（晚商）

假腹豆（晚商）

陶盆（先商）

绿釉陶壶（东汉）

盆（先商）

陶豆（先商）

陶鬲（晚商）

磁县南营村遗址

　　磁县南营村遗址位于磁县讲武城镇南营村东150米处，东距全国重点文物保护单位——讲武城遗址170米。南水北调中线干渠自南至北从遗址、墓群中部穿越。2006年10月至2007年1月，河北省文物研究所会同磁县文物保护管理所对遗址进行考古发掘。共分2个发掘区，发掘遗址面积5300平方米。

　　遗址大致可分4个文化层：第①层为耕土层，厚0.15—0.25米；第②层为黄褐色砂质土，厚0.2—0.25米，质略软，夹杂青花残片、泥质灰陶片等，为明清文化层；第③层红褐色胶质土，厚0.2—0.25米，致密，含烧土颗粒，夹杂泥质灰陶盆、罐残片，为汉代文化层；第④层为深黄褐土，厚0.2—0.25米，含少量炭粒、烧土颗粒，夹杂绳纹板瓦、筒瓦、泥质灰陶豆、罐残片，为战国时期文化层。共发现灰坑56座、灰沟7条，墓葬57座。文化遗存的年代为早商、晚商、战国、汉代、明清时期，出土文化遗物质地有陶、铜、铁、石等。器形有鬲、罐、敛口瓮、盆、釜、豆、壶、板瓦、筒瓦、石斧、石球、钱币等。

　　早商时期遗存　以灰坑为主，多为不规则形，斜壁、底凸凹不平，为自然坑后倾倒人类废弃物形成。发现遗物以陶器为主，少量石器；陶片以夹砂灰陶为主，还有少量泥质灰陶、夹砂黑陶、泥质褐陶等。纹饰以绳纹为主，还有弦纹、弦断绳纹、附加堆纹、指甲纹等，少量磨光、素面陶。器形有鬲、罐、瓮、簋等。

　　晚商时期遗存　灰坑平面形状有长方形、不规则形等，坑体为斜壁平底、直壁平底等。遗物以陶器为主，少量石器。陶片以夹砂灰陶为主，还有少量泥质红陶、夹砂褐陶、泥质褐陶等。纹饰以粗绳纹为主，还有弦纹、弦断绳纹、附加堆纹、指甲纹等。器形有鬲、罐、瓮、簋、盆等。

战国和汉时期遗存 遗迹以灰坑和灰沟为主，灰坑平面形状有长方形、长条形、圆形、椭圆形、不规则形等，坑体为斜壁平底、直壁平底、斜壁圜底等。灰沟多为长条形，沟壁及底粗糙，不规整。发现遗物以陶器为主，少量石器、铜钱。陶器以泥质灰陶为主，还有夹砂灰陶、夹砂褐陶。纹饰以素面为主，还有绳纹、水波纹、圆圈纹、附加堆纹、弦纹等。器形有壶、罐、釜、盆、豆、盘等。

Ⅰ区发掘墓葬 55 座，分长方形土坑竖穴墓和带长方形竖井墓道洞室墓 2 种类型。长方形土坑竖穴墓 14 座，墓葬多为南北向，葬式为仰身直肢、屈肢葬，随葬品组合为鼎、豆、壶、小壶、盘、匜等，个别出土铜带钩、铜镜、铜剑等，时代为战国中晚期。带长方形竖井墓道洞室墓 38 座，墓葬南北向居多，有少量东西向，葬式为仰身直肢葬，随葬品组合为壶、小壶、罐、井、灶等，个别出土铜带钩、铜镜，时代为西汉、新莽、东汉时期。

Ⅱ区发现 2 座墓葬形制基本一致，皆为带长斜坡墓道前后双室砖室墓，墓道朝北，两者相距 20 米，出土釉陶壶腹部下垂，且假圈足较高，以及出土剪轮五铢钱等，推测 2 座墓

发掘工作场景

南营遗址鸟瞰图

葬年代应在东汉晚期至曹魏时期。

　　南营遗址考古发掘，发现了较为重要的早商时期文化遗存，为探索早商文化二里岗类型传播，构建冀南地区商代文化编年体系提供了重要实物资料。战国、汉代墓葬，数量较多，墓葬类型典型，器物演变关系明晰，对河北南部地区战国中晚期至汉代这一时期葬俗、文化遗物演变的研究有重要意义。（张晓峥，《"磁县南营村遗址"考古发掘完工报告》，2006 年。）

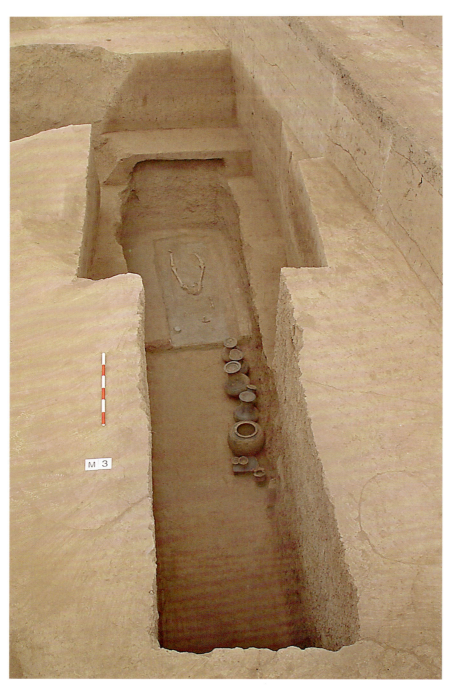

土坑竖穴墓（东汉）

砖室墓（东汉）

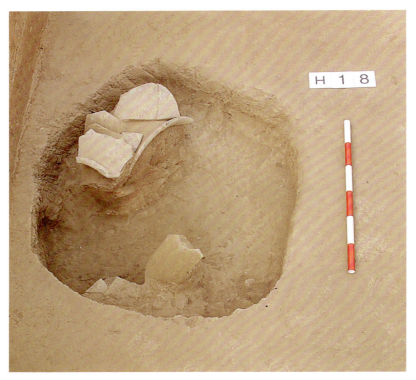

灰坑（战国）

陶器组合（战国）

青铜短剑（战国）

陶鼎（战国）

陶豆（战国）

昭明镜（西汉）

磁县白村遗址

　　磁县白村遗址位于磁县台城乡东贺兰村东1100米处，南距白村800米，太行山东麓山前地带，牤牛河北岸的二级台地之上，周围地形为岗坡与台地相互交杂。2009年10月—2010年7月，河北省文物研究所会同磁县文保所组成考古队，对白村遗址进行考古发掘。发掘面积3000平方米。以发掘区北半区地层为标准，共划分为4层：第①层，耕土层，厚0.1—0.25米；第②层，黄褐色砂质土，疏松，厚0.15—0.3米，含少量炭粒，夹杂少量青花、酱釉、泥质灰陶片，为明清时期文化层；第③层，深黄褐色砂质土，松散，厚0.25—0.4米，含少量烧土颗粒，夹杂罂蚌红陶、泥质灰陶片，可辨器形为釜、壶、罐、板瓦等，为汉代文化层；第④层，浅灰褐色胶质土，质略硬，厚0.3—0.4米，含较多炭粒、红烧土粒，夹杂夹砂灰陶、泥质黑陶、泥质灰陶等，纹饰以绳纹为主，还有磨光、弦断绳纹、篮纹等，可辨器形有鬲、盆、罐、瓮等，为夏时期文化层。共发现170座灰坑、灰沟13条、陶窑4座、带斜坡长方形砖室墓葬2座。出土遗物有陶、石、骨、蚌、铜、角器。陶器有鬲、鼎、甗、瓮、豆、盆、罐、釜、纺轮、圆形陶片等；石器有石铲、穿孔石刀、石斧、石镰等。根据出土遗物分析，遗址时代分为仰韶文化时期、龙山文化时期、夏时期、汉代、明清时期。

　　仰韶时期文化遗存，发现遗物较少，只有陶器一种类型，陶器以泥质红陶为主，少量夹砂红陶、夹砂灰陶。纹饰多为素面。器形为钵、小口壶等。文化遗存面貌为后冈一期文化。

　　龙山时期文化遗存，遗物有陶、骨、蚌、石器等。陶器以夹砂褐陶为主，泥质灰陶次之，少量夹砂红陶、夹砂黑陶。纹饰以篮纹为主，还有绳纹、弦断绳纹、网格纹、篦点纹等等。器形有小口瓮、器盖、盆等。文化内涵为后冈二期文化晚期。

夏时期遗存，遗物有陶、骨、石、蚌器等。陶器以夹砂灰陶为主，有一定比例夹红胎或灰胎的黑皮陶、泥质灰陶，还有少量夹砂黑陶、泥质黑陶、夹砂灰褐陶、夹砂红褐陶等。纹饰以绳纹为主，弦断绳纹特色突出，还有篮纹、刻划纹、旋纹、附加堆（链锁状、按窝状）、楔形点纹，素面磨光占有一定比例。遗物有卷沿侈口高领鼓腹高锥足鬲、卷沿斜腹盆、浅盘豆、蛋形瓮等。

遗址鸟瞰图（右侧为北）

汉代文化遗存出土遗物多为泥质灰陶板瓦、筒瓦残片。发现两座墓葬。M1、M2 为带长斜坡墓道砖室墓，盗扰严重。

明清时期文化遗存，遗物多为青花瓷片、黑釉瓷片、泥质灰陶布纹瓦、砖块等。

白村遗址所处太行山东麓山前地带，向西通过峰峰矿区穿越太行山脉直通晋东南、晋中地区，向南 30 公里为漳河、安阳洹河流域，南距下七垣遗址约 30 公里，北侧为广袤冀南平原，为南北相连、东西通衢之地，周围地形为岗坡与台地相互交杂。白村遗址是冀南地区下七垣文化漳河型重要考古收获。白村遗址夏时期文化遗存与下七垣文化相比较，两者共性较为显著：两者皆为夹砂灰陶为主，器形以鬲、罐、甗为炊具，少见圜底、凹底器物，鬲足跟有竖向沟槽和横向捆扎痕迹，器物口沿流行压印花边；纹饰以绳纹为主，有楔形点纹、链锁状附加堆纹等；从二者发现的遗迹看，多流行圆形、椭圆形灰坑，只是前者没有发现房址。但同时二者存在一定区别：前者器物陶胎较厚；从陶鬲风格看，前者鬲造型粗犷奔放，领较高，后者陶鬲中规中矩有内敛之气，胎质细薄；前者绳纹为中粗绳纹，印痕较深，后者绳纹细密如线，规整繁密，前者绳纹上加划弦纹较为普遍，同时还存在少量篮纹。通过上述比较，两者共性大于差异，应属于同一考古学文化。白村遗址夏时期文

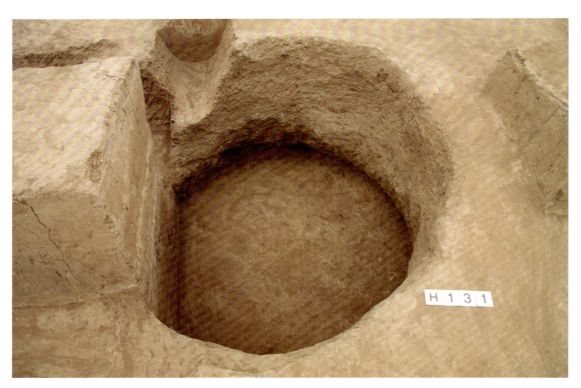

灰坑 H131（龙山时期）

灰坑 H56（夏时期）

化遗存高领鬲与山西太谷白燕遗址四期一段 H98∶156 鬲形制一致，高领鬲在山西晋中地区相当于二里头文化阶段遗存中有着自己产生和演变过程，它源于龙山期錾手鬲，后演变成晋中地区具有特色侈沿鼓腹鬲；同时扁三足盆形鼎与安阳大寒 H8 鼎接近。据此，通过以上典型器物比对，白村夏时期文化遗存主体应为下七垣文化二期，个别器物早至一期，处于下七垣文化较早阶段。白村遗址分布较广，文化遗存内涵丰富，是磁县牤牛河流域夏时期遗址中具有代表性和典型性的一处遗址，对于廓清下七垣文化面貌有着深远意义。（张晓峥，《"磁县白村遗址"考古发掘完工报告》，2010 年。）

灰坑 H94(龙山时期)

器盖（龙山时期）

陶鬲（夏时期）

鼎（夏时期）

筒形杯（龙山时期）

深腹罐（夏时期）

小口瓮（龙山时期）

磁县南城村遗址

　　南城遗址位于磁县南城乡南城村西北，为太行山东麓山地向平原过渡的丘陵地带。整个遗址位于古洺河主河道南岸台地上，呈东、西带状分布。经过考古勘探遗址现存面积约12万平方米，南水北调工程从遗址西北穿过，渠线内遗址面积约4万平方米。发掘区位于整个遗址的西部。分三个发掘区，总发掘面积6580平方米。遗址地层堆积明确，自仰韶时期、龙山时期、先商、商、汉、北朝一直延续至唐、宋，内涵十分丰富。地层堆积情况：第①层，耕土层，为近现代堆积。第②层，灰土层，为明、清时期堆积。第③层，黄土层，为宋代堆积。第④层，黄褐层，为唐代堆积。第⑤层，红褐土层，为东汉时期的堆积。第⑥层，灰褐土层，为商代中、晚期堆积。第⑦层，黑褐土层，为龙山时期的堆积。第⑧层，灰黄土层，为仰韶时期的堆积。其下为生土，灰白色，杂有礓石，坚硬，纯净。共清理各类遗迹365处，其中房址5座、井5座、灰坑205座、灰沟21条、窑址5座、窖穴6座、墓葬116座、烧土遗迹2处。共计出土陶器、铜器、铁器、石器、玉器、骨器、蚌器、贝饰等各类文物679件。

　　78座先商时期墓葬群是遗址最为重要的考古发现，墓葬均为土坑竖穴式，比较集中分布在南北长约5千米、东西宽约25米的范围内，墓坑较浅。均开口⑥层下，以小型墓为主，均为圆角长方形土坑竖穴，除M51、M46、M70、M76、M78五座为南北向，其余均为东西向，墓向均在85°—105°之间。墓葬长1.70—2.70、宽0.40—1.10、深0.40—0.96米，葬式除M51为侧身屈肢、M70为仰身屈肢外，余者均为仰身直肢。经鉴定，死者多为女性和儿童。部分墓葬发现有木棺，其中有2座为一棺一椁。随葬品放置在头前、

Ⅰ区航拍

磁县南城遗址全景

Ⅱ区全景

Ⅱ区局部

腰部、脚下，有贝壳覆面现象。随葬品有陶器、玉饰、蚌饰、贝饰四类。陶器有鼎、鬲、簋、豆、盆、罐、瓮等。

龙山、先商遗存，发掘灰坑 163 座、房址 7 座、窑址 5 座、井 1 座。灰坑以圆形、直壁、平底为主；房址有圆形和椭圆形，以圆形为主，皆半地穴式建筑，直径多数约 2 米，深 0.8—1.7 米，有的在上部设有一周浅的二层台，台上分布有多少不等的圆形柱洞，个别半地穴内可见有倒塌堆积和少量生活用品。窑为馒头形，由窑室、火膛、火道和窑前工作场组成，窑室为圆形，直径约 1 米，火道在窑床上呈指形分布，顶皆塌毁，未见烟囱。龙山、先商遗存中遗物以陶器为主，另有石器、骨器、蚌器几种。陶器有鼎、樽、罐、盆、杯、碗、瓮等，石器有斧、铲、凿、刀等，骨器有锥、针、簪等，蚌器有刀、镰、锯等。

遗址内发现一条汉代渠沟，有东西向和南北向的两条渠沟垂直形成，经钻探，渠沟往西和往南皆通至现代沟。渠沟为斜坡式，上部宽 3—4 米，底部较窄，可见少量淤土，整体做工规整。渠沟内发现有汉代瓦、盆、罐、瓮等残片。

磁县南城遗址是继邯郸涧沟，磁县下潘旺、界段营，永年何庄遗址后，又一次重要发现。先商时期墓葬的发现，是河北近年来发现墓葬数量最多、墓地范围较大、保存最为完整、获取材料最为丰富的一处先商时期墓地。墓葬中鼎的发现，丰富和充实了先商文化的内涵，为先商文化研究增添了新的内容。南城遗址中的先商文化既有本地区文化特色的鼎，又有辉卫型和漳河型的鬲，还有与北方地区相似的豆，这也说明这一地区的先商文化正处在吸收、融合、发展阶段，体现了既有与其他文化相互联系、又相互区别的发展特色。综上所述磁县南城遗址先商文化，虽然有其他文化的因素，但其主体应属先商文化漳河类型的范畴，应为先商文化的早、中期。

磁县南城遗址的发掘和先商时期墓地的首次发现，为当地早期文化特别是先商文化的研究提供了不可多得的实物资料，为探索先商文化的起源、特点、进程与周边同时期考古学文化交流融合等方面，都将起到极为重要的作用。（石磊、王会民、梁亮，《磁县南城遗址》，《河北考古重要发现》（1949—2009），科学出版社，2011 年。）

墓葬布局（先商）

遗址地层堆积

窑穴（商）

窑床结构（龙山时期）

蚌覆面墓葬（先商）

陶窑（龙山时期）

蚌饰（先商）

陶鼎（先商）

陶鼎（先商）

陶鬲（先商）

陶鬲（先商）

陶盆（先商）

浅腹豆（先商）

高柄豆（先商）

深腹豆（先商）

陶鼎组合（先商）

陶豆组合（先商）

陶鬲组合（先商）

邯郸薛庄遗址

　　邯郸薛庄遗址位于邯郸县黄粱梦镇薛庄村西北约 500 米较平坦的台地上，遗址被输元河分为南部和北部，现存面积约 3 万平方米。2006 年 8 月至 12 月，在南水北调中线河北段建设工程中，对邯郸薛庄遗址进行了田野考古勘探与发掘。发掘地点选在遗址南部，总揭露面积 3025 平方米。共计发现灰坑（窖穴）310 个，墓葬 46 座（含 1 具瓮棺葬），灰沟 10 条，灶址 2 处，水井 2 眼，车辙 1 段。遗址出土了大量陶片，复原陶器 90 余件，其他石、骨、蚌、铜、铁等各类人工制品千余件。

　　薛庄遗址地层堆积比较简单，一般厚 0.8—1.2 米。发掘区西部堆积较薄，分 3 层，各类遗迹分布比较密集，出土遗物丰富。东部堆积较厚，分 4 层，遗迹相对稀疏，一般较深。根据层位关系和不同的包含物，可知该遗址的时代跨度较大，初步划分龙山、先商、晚商、战国、汉和隋唐时期的文化遗存，其中先商和晚商时期的文化遗存较为丰富。

　　龙山时期的文化遗迹较少，其中以 H21、H40 和 H44 最有代表性。文化面貌与本地的涧沟、龟台以及豫北的辉县孟庄、卫辉倪湾等遗址发现的龙山文化遗存基本一致。

　　先商时期的文化遗迹较多，以灰坑（窖穴）为主。出土遗物比较丰富，陶器以夹砂灰陶和泥质灰褐陶为主，红胎黑皮陶也占一定比例。器表除素面磨光外，纹饰以细绳纹为主，弦纹、楔形点纹、指甲纹、附加堆纹次之，另见有少量的篮纹等。器型以三足器和平底器为主，部分为圈足器。可辨器形有鬲、甗、罐、鼎、瓮、盆、豆等，鬲多薄胎卷沿深腹袋足高锥状实足跟；甗上部作深腹盆形，腰部以泥条加固，内附橘瓣形或条形孔算隔；罐形制多样，依腹部有深腹与鼓腹之分，深腹罐呈橄榄形，侈口卷沿小平底，颈部以下通饰细绳纹，鼓腹罐个体较大，部分口沿压出花边，绳纹一般较粗，另有泥质罐作宽折沿，深腹斜收，饰弦纹和楔形纹；鼎作平底盆形，扁足；瓮有敛口折肩和平口卵形腹之别，前者多肩部附器纽，腹饰成组弦纹，后者口部多向内平折，腹饰竖向或斜向粗绳纹，底部或平或附加圈足；盆多敞口宽沿弧腹；豆浅盘细柄。另有少量的杯、爵等。石器以斧、铲、镰、刀为主，斧一般为上窄下宽的梯形柱状，双面刃；铲为长条扁平体，部分有肩；镰多厚弧背，薄凹刃；刀作扁平长方体，有 1 至 3 个穿孔。骨蚌器以刀、匕、锥、针、镞等较常见。先商时期的墓葬仅发现 1 座（M35），土坑竖穴，仰身直肢葬，人骨保存较差，下肢骨残缺。经鉴定死者为 40 岁至 45 岁的男性。随葬的 1 件细绳纹深腹陶盆放置于死者的小腹部。以上文化面貌与邯郸境内发现的磁县下七垣、永年何庄、峰峰矿区义井、北羊台等先商文化遗存基本雷同，均属比较典型的"漳河型"先商文化。

晚商时期的文化遗迹以墓葬为主，清理 42 座。均为小型的土坑竖穴墓，排列无序。葬式有仰身直肢和俯身直肢，葬具为"工"字形木棺或无。随葬品种类与数量都很少，个别墓葬则无随葬品。一般一墓随葬 1 件陶鬲，仅 M16 随葬 1 件陶豆，或位于墓主头端或放置于脚端，有的墓中还发现有死者口含贝葬俗。如 M22 墓主为 35 岁至 40 岁的男性，俯身直肢葬，头向南，面向西，口中含贝，脚部右侧随葬 1 件陶鬲，葬具为木棺，仅见棺痕，两侧板出头呈"工"字形。多数墓葬有二层台，部分墓底设有腰坑，坑内狗骨架多腐朽，头

薛庄遗址全景

向不明。根据随葬品形制判断，年代相当于殷墟文化第一期和第四期的墓葬各 1 座，其余则相当于殷墟文化第二期和第三期。本期的灰坑坑口形状多为不规则形，面积大且深，出土陶器以夹砂灰陶为主，年代相当于殷墟文化第三期和第四期。

战国和汉时期的文化遗迹较少，灰坑中多出土泥质灰陶瓮、碗、钵等。另外清理的 1 座瓮棺葬，系由 2 件泥质灰陶瓮残片扣合而成，儿童骨骸保存较差。

隋唐时期的文化遗迹也不多，典型单位如 H255，坑内放置 1 件大陶瓮。出土时瓮身略有倾斜，但基本保持埋藏状态，几乎占满全坑，瓮口上覆盖 1 个近矩形石板，未掩处加覆红陶片，瓮内中空，近底部有疏松的灰白色土。M1 为土坑竖穴，在墓主下颌骨处发现 1 枚五铢钱，可能为口含葬俗，左肩上部随葬 1 件青瓷碗，头部东侧墓圹上发现棺钉 1 枚，推测有棺。仰身直肢葬，人骨保存情况较差，经鉴定墓主为约 40 岁的男性。根据随葬青瓷碗内的 3 个支钉烧造痕和五铢钱上"五铢"的字体风格（疑为隋五铢），初步推断该墓年代为隋唐时期。

邯郸薛庄遗址地处太行山东麓南端，遗址面积大，延续时间长，其中发现的龙山、先商与晚商时期文化遗存是本次考古发掘的重要收获。这不仅有助于对冀南地区龙山文化遗存性质与年代的进一步了解，更将有助于改变先商文化分期研究较为薄弱的现状，从而推进先商文化谱系的综合研究。此外，在薛庄遗址发现的晚商遗存与安阳殷墟基本相同，但在葬俗上表现出了一定的地域色彩。（井中伟，《邯郸薛庄遗址考古发掘报告》，科学出版社，2019 年。）

灰坑（龙山时期）

遗址地层堆积

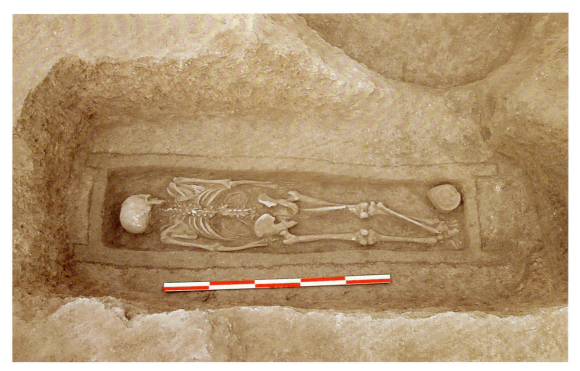

墓葬（晚商）

陶鬲（龙山时期）

陶折肩瓮（先商时期）

陶鼎（龙山时期）

陶罐（先商时期）

陶鬲（先商时期）

陶鬲（晚商时期）

陶鬲（晚商时期）

陶鬲（晚商时期）

陶鬲（晚商时期）

陶鬲（晚商时期）

陶鬲（晚商时期）

盆形陶鼎（先商时期）

石铲（先商时期）

石铲（先商时期）

石夯（先商时期）

陶杯（龙山时期）

陶杯（龙山时期）

陶罐（龙山时期）

永年邓底遗址

　　永年邓底遗址地处洺河上游，永年县邓底村西南约 1000 米的洺河北岸台地之上。南与属于后冈一期文化的永年石北口遗址隔洺河相望。南水北调干渠由南向北穿过遗址。遗址面积约 10000 平方米，文化层堆积厚 0.6—0.9 米。2007 年 9 月至 2008 年 4 月进行考古发掘，发掘面积 4100 余平方米。发现灰坑窖穴 236 座、房址 7 座、墓葬 11 座、古路 1 条、水井 1 眼、灰沟 8 条、露炊遗迹 7 处、窑址 3 处；出土器物残件 40000 余件、小件标本 500 余件、可复原器物 300 余件。遗址堆积丰富，延续时间长，发现新石器至汉代等 4 个时期的文化遗存，其中尤以第一期和第二期文化遗存最为典型。

　　第一期遗存属新石器时代。主要分布在台地东南部、东北部、西北部。遗迹有灰坑、房址、陶窑、墓葬等。房址皆为半地穴式建筑，坐西朝东，由门道、居室、柱洞等组成。F3 门道呈长方形，上宽下窄，分布有 2 级台阶，下一级台阶微呈斜坡状延伸至居住室。居住室由门道延伸一分为二，北半部呈半圆形，竖直壁，地面凹凸不平；南半部呈圆角长方形、竖直壁，南壁下部凸起一高于北部地面的生土台，连通东西壁，生土台顶部有踩踏痕迹。生土台东半部有一圜底状用火坑，火坑底部并排放置 2 块带有烟熏痕的架火石。

　　墓葬多为长方形竖穴土坑墓，仰身直肢葬，头向南。M5 以泥质红陶乳丁、弦纹瓮残片覆盖人骨，充当瓮棺。

　　窑址发现 3 座，比较典型，皆为横穴，由操作坑、火口、火膛和窑室组成。Y1 操作间上口已破坏，残留底部，平面近椭圆形、直壁，底部踩踏面较平整。操作坑北连火口，火口已毁，残留底部烧结面。口连通火膛，火膛较小，已塌毁。火道位于窑室底部。窑室平面呈圆形，斜弧壁，圜底状；底面呈斜坡状，越靠近窑室后部越高；窑室后部依靠窑壁立一圆柱体，顶面和圆弧面烧结面保存良好，应是作窑床之用。

灰坑、窖穴，呈圆形斜壁、小平底形状为主，圜底次之，极少量近袋状，余皆为不规则形。

出土遗物以陶器和石器为主，角器、骨器、蚌器次之。石器多石斧、石镰、石刀、铲状器、磨盘、磨棒、石球等，其中以磨棒最具特色。陶器以夹砂灰陶圜底罐、釜、鼎，泥质红陶钵、碗、盆、小口壶为主。三足鼎、红顶钵、彩陶钵为典型陶器。常见的三足鼎，窄唇、鼓腹、柱状足、平底，饰以中绳纹；流行的红顶钵，尖圆唇、敛口、薄胎，小平底，内壁通体红色，外壁口沿部形成一红色宽带，宽带下部显蓝灰色；出土的彩陶钵形制与红顶钵相近，皆在红陶上饰黑彩，口沿部带状黑彩，腹部组线彩、组线彩之间夹叉状彩。其文化面貌与石北口文化晚期第五段和第六段比较接近。

第二期遗存为晚商时期，分布在遗址中部偏南，以发现的 2 座房址最为典型。遗迹有房址、露炊遗迹、灰坑、墓葬等。2 座房址均是半地穴式建筑，坐西朝东。F1 局部已破坏，但大体结构仍然可见，由门道、居室和壁灶组成。F2 比 F1 的结构要复杂，由门

遗址鸟瞰图

遗址地层剖面

道，前操作间、过道、后居室和壁灶组成。过道已破坏；门道的一端连接外操作间，外操作间呈圆角方形，直壁，底部地面残存部分为生土踩踏面，呈斜坡状连接过道地面；另外在其一侧依连穴壁分布 1 座小灶，由火门、火膛和灶眼组成。火门位于挡火墙中部呈圆弧形，火膛椭圆形，挡火墙和灶台相连构成 1 个封闭的火膛，灶台上东西并置 3 个圆形灶眼，中间的 1 个眼直径略大于两侧，两侧的灶眼对称分布于灶台之上。过道为长方形竖井式，直壁，底部踩踏面坡度渐缓，呈一级台阶状通向后居室。后居室平面呈横长方形，直壁，踩踏面直接覆压生土之上，保存较好。另在后居室东南角、西南角和东北角各分布 1 座灶。

墓葬多为长方形竖穴土坑墓，仰身直肢葬，头向南，大多无随葬品。唯有 M7 在头骨左侧随葬 1 件夹砂中绳纹袋足鬲。

灰坑、窖穴，比较规整，皆呈刀把形，直壁、平底，刀把部位底部呈斜坡状。

出土遗物主要有石器和陶器。石器有亚腰形磨光石斧、打制石铲。陶器以夹砂灰陶为主，其次是泥质灰陶。器表纹饰多绳纹。器形有鬲、罐等，其中以鬲最为典型。常见的鬲多饰斜向中绳纹，袋状、裆较矮、实足跟极短，且有抹痕。文化面貌与邢台隆尧双碑遗址有相似之处。

第三期遗存为战国时期。发现的遗迹以灰坑、窖穴、灰沟为主。出土物多为泥质灰陶。纹饰多素面，少篮纹、压印纹、旋纹。器形较多的有宽沿折腹盆、浅盘细把豆、圜底罐、陶量。以陶量和圜底罐比较典型。陶量，素面，呈直壁圆筒状，器底有印记，实测容量 1300 毫升。圜底罐，胎较薄，敞口，鼓腹，肩、腹部饰斜向绳纹，底部饰横向绳纹。本期文化面貌与邯郸腹地以前发现的战国遗存比较接近，应属战国赵文化。

第四期遗存为汉代。遗迹有灰坑、灰沟和水井。出土遗物多陶器，少铁器。陶器皆为泥质灰陶，多宽折沿盆、鼓腹瓮、甑、饼足碗，高柄豆。纹饰多素面，少量在肩部饰旋纹、附加堆纹。另有较多的绳纹板瓦、筒瓦和极少量的铁铲出土。本期文化面貌与陕西杨陵遗址比较相近。

邓底遗址发现了丰富的遗迹群，为分析研究当时人们生活、生产场所的分布格局，进而探讨这一时期的聚落形态提供了丰富的资料；出土的骨、角、蚌类遗物，为分析研究这一地区古动物种群，进而去探讨当时的气候环境提供了重要资料。（赵占护，《"永年邓底遗址"考古发掘完工报告》，2006 年。）

房址（新石器时代）

陶窑（新石器时代）

灰坑（新石器时代）

陶钵（新石器时代）

陶盆（新石器时代）

陶鼎（新石器时代）

陶釜（新石器时代）

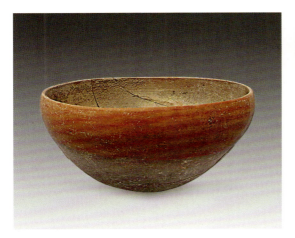

陶钵（新石器时代）

陶钵（新石器时代）

犁形器（新石器时代）

磨盘与磨棒（新石器时代）

石铲（新石器时代）

石铲（新石器时代）

石斧（新石器时代）

石斧（新石器时代）

石球（新石器时代）

研磨器（新石器时代）

三足罐（新石器时代）

陶钵（新石器时代）

陶钵（新石器时代）

陶鼎（新石器时代）

陶碗（新石器时代）

陶瓮（新石器时代）

小口壶（新石器时代）

永年台口遗址

永年台口遗址位于永年县西北与武安市交界地带的台口村西南约300米的一处台地上，距县城10公里。南望太行山余脉紫山，西、北两面环洺河，南侧为一条东西走向的洺武路。该遗址是河北境内发现较早的新石器时代遗址之一，1960年，由河北省文化局文物工作队调查发现并初次发掘，现为邯郸市文物保护单位。遗址遍布整个台地，台地平面呈"凹"状，海拔高度95米左右，高出现地表约12米。发掘分两个区，Ⅰ区在台地南部，遗迹密集，遗物比较丰富；Ⅱ区在台地的北部，文化遗存相对较少。共发掘面积5500平方米。发掘区内的地层比较单一，不见文化层，可能为早期扰动所致，文化遗迹均在一层下。两区共清理灰坑303座、灰沟1条、窑址5座。

灰坑，清理303座。以开口形状可分为圆形、椭圆形及不规则形，剖面分为袋状、筒状和锅底状，其中以圆形袋状为多。灰坑大小相差较大，有的存在叠压或打破关系。灰沟细长，窄浅。

窑址均属陶窑，由火塘和窑床组成，主要分两种形式，一种是圆形窑床、火道呈叶脉状，体积较大；另一种是半圆形窑床、猫耳式烟道，体积小。窑床及火道制作规整，窑壁坚硬，厚5—7厘米。

墓葬，共清理15座。墓葬开口深浅不一，一般距地表2.1—3.8米，距现开口0.4—0.8米左右，浅的1.2米，最深的3.8米。主要有两种形制，一种为竖穴土坑墓。有的带二层台和存放器物的龛洞，有三组为并穴墓，应属汉墓。另一种为土洞墓1座，竖穴式墓道，墓门用卵石封堵，属元墓。出土随葬品63件（套）。

　　出土遗物 616 件（套），主要有罐、盆、碗、杯、豆、甗、斝、甑、鬶、网坠、纺轮、环等陶器及大量器物残片。多为灰陶，其次是黑陶和红陶，极少量白陶。纹饰以篮纹、绳纹为主，附加堆纹、弦纹等次之。石器有镰、斧、锛、凿。骨器有锥、针、簪、镞等。蚌器个别有穿孔，多属饰件。另有牛、猪、狗等动物残骨。墓葬中出土随葬品 63 件（套），多为陶器如鼎、豆、壶、盘、匜、罐、碗、俑等，还有铜器类的镜、带钩、印章等。

　　台口遗址是河北境内发现较早的新石器时代遗址之一。1960 年初次发掘时，曾将台口遗存分为台口一期和台口二期，即仰韶向龙山时期过渡和龙山时期两个阶段，本次由于发掘位置所限，虽然未发现仰韶时期文化遗存，但龙山时期的文化遗存非常丰富，不仅使我们对台口遗址龙山时期文化遗存的面貌、性质及年代有了进一步的了解，同时也使我们对仰韶向龙山时期的发展演变有了新的认识：其一，台口遗址文化内涵具有明显的后冈二期

遗址发掘区鸟瞰图

文化特征，如陶器均以灰陶为主，其次为黑陶和红陶，另有极少量的白陶；纹饰以绳纹和篮纹居多，其次为弦纹、附加堆纹和很少的方格纹；可辨器形有罐、瓮、盆、碗、甗、斝、鬶、豆、盘、甑、杯、缸、器盖、环、网坠、纺轮等；器物造型多平底器，次为袋足和圈足器，且流行宽带耳、器鋬等装饰。由此推断，台口遗址所见遗存应属典型的后冈二期文化。而且，从陶器器形特征来看，多数器物与后冈二期晚期同类器相同或相近，因此，台口遗址的年代应大体相当于后冈二期文化晚期阶段。其二，部分遗存单位，除具有明显的后冈二期文化特征外，同时含有某些新的文化因素或特点，如部分单位陶器中含有较多的附加堆纹、绳切花边口装饰、绳纹鬲足或甗足等，似具有某些先商文化的特征，因此，我们怀疑其相对年代应稍晚，或已进入夏代纪年范围内，且很可能与先商文化漳河型存在着某种渊源或关系。其三，台口遗址后冈二期文化阶段曾与周围各相邻文化之间存在着密切的交往关系。其中最明显的是与典型山东龙山文化间的关系，如遗址中出土的白陶鬶、厚仅 0.1 厘米左右的蛋壳黑陶等就是最好的证明。（乔登云，《"永年台口遗址"考古发掘完工报告》，2009 年。）

灰坑（龙山时期）

墓葬（西汉）

陶窑（龙山）

墓葬被灰坑打破（西汉）

陶器组合（龙山时期）

陶器组合（龙山时期）

陶甗（龙山时期）

陶斝（龙山时期）

深腹罐（龙山时期）

深腹罐（龙山时期）

筒形罐（龙山时期）

罐（龙山时期）

瓮（龙山时期）

卵形瓮（龙山时期）

陶环（龙山时期）

磁县北朝墓群

　　磁县北朝墓群墓葬密集区位于磁县的东南部区域，在南北 15 公里、东西约 14 公里范围内，分布有编号记录的墓葬达 134 座，其中有封土墓达 80 多座。最大的如天子冢、皇姑坟、磨盘冢、青冢等，过去被误认为是"曹操七十二疑冢"和曹军粮墟。经发掘证实这些封土墓为东魏、北齐贵族墓葬群。20 世纪 70 年代以来，在这里分别发现了东魏昌乐王元诞墓、宜阳王元景植墓、司马氏太夫人墓、愍悼王妃李尼墓、北齐兰陵王高肃墓、北齐高欢第九子武皇帝妻茹茹公主墓和其十四子高润墓等。这些墓均用绳纹青砖砌成，墓室结构为单室墓，由墓道、甬道、墓室三部分组成。墓道为斜坡状，墓室外平面各呈方形四壁作弧状外，墓道两壁有红、蓝、黑、黄色彩绘。出土文物有珍贵的壁画和大批陶俑，瓷器金币等。其中茹茹公主墓和北齐时期湾漳大墓不仅出土了大面积的珍贵的壁画，而且出土陶俑1800 余件，排列成阵，气势壮观，有中国"小兵马俑"之称。1988 年国务院将"磁县北朝墓群"核定公布为全国重点文物保护单位。

　　南水北调中线工程总干渠从磁县北朝墓群中部穿过。穿过的北朝墓群 001 号、003 号、026 号、039 号、063 号、072 号等几座大型古墓葬以及战国、秦、汉、唐、宋、明、清时期一些贵族、平民墓葬。同时北朝墓群所在区域也是战国、秦、汉、魏、晋、北朝、十六国时期遗存重点埋藏区域。通过 2005—2009 年 5 年考古发掘工作，共计发掘面积 40000 余平方米，发掘大、中、小型古墓葬 146 座（战国 37、东魏 4、北齐 2、十六国 1 座、汉 8 座、唐代 4、宋代 12 座、明清 78），出土文物 2519 件。

M001

M001 是全国重点文物保护单位——磁县北朝墓群范围内新发现的一座墓葬。位于磁县讲武城镇孟庄村西南 553 米处，东北距磁县县城约 10 公里，东距京广铁路约 1200 米，西北距传为东魏孝静帝的西陵（M35，俗称"天子冢"）约 3500 米，东北距东魏皇族元祜墓（M003）122 米，南距已发掘的东魏墓葬（M72）217 米。

M001 为竖穴土圹砖砌墓室墓葬，由墓道、甬道、墓室三部分组成，总长 22.6 米。墓道位于墓室南部，平面呈狭长条形，斜坡式。墓道与甬道衔接处有一道封门墙。甬道为砖筑券顶式，由于盗扰严重，仅保留两壁的底部砖墙残迹。甬道中部有一道石门，残留的构件有门扇、门轴、门槛条石等。墓室土圹平面近方形，上口发现一明显大于墓室的不规则形坑，应是早年毁墓的遗迹。土圹内砖砌墓室，墓室平面呈弧方形，面积 24.5 平方米。墓室顶部塌毁，四壁仅存底部砖墙。南壁与甬道相通处有一道封门墙。墓室底部高低不平，

M001 全景

M001 西壁北部壁画（东魏）

M001 西壁南部壁画（东魏）

墓志盖拓片（东魏）

墓志盖（东魏）

胡俑（东魏）

击鼓俑（东魏）

马首（东魏）

牛首（东魏）

青铜虎子（东魏）

侍从俑（东魏）

残留一部分铺地砖。在墓室中部及东北部发现有零星的棺椁朽烂的板灰，人骨仅发现头骨的枕骨部位。葬具葬式不清。

甬道两壁、墓室四壁皆有壁画残迹，壁画残泐漫漶，模糊不清，极难辨认。在砖壁上涂刷一层极薄的白灰面，在白灰面上平涂线条，再敷色，从残迹辨识，东西壁皆绘身着广袖束带长裙，足蹬高头履的人物形象，头部缺失，从残迹推断应为真人大小。

该墓因早年遭毁，并多次被盗扰，只残留少量遗物，共出土可复原及遗物残片40余件，大部分出土于坍塌的堆积和盗洞中。出土物有陶罐、彩绘陶俑、陶牲畜模型、小件铜器及铜构件、铁器、漆器等类。彩绘陶俑有侍从俑、胡俑、击鼓俑、风帽俑、武士俑残件等；陶牲畜模型有牛首、马首及身体部位残件；小件铜器为造型生动的铜虎子；铁器主要是严重锈蚀的棺钉。

在墓室西南角发现有墓志盖，正面镌刻篆书"魏故兖州元公墓志铭"。墓志盖铭文，结合文献记载，该墓为东魏时期兖州元氏之墓。M001东北122米处发现的东魏皇族元祜之墓（M003），明确了东魏皇室宗陵地域。M001正处于东魏皇室宗陵茔域内，从其形制、规模及出土物看，墓主人元氏应是具有较高地位和身份的皇族。M001发现了与东魏时期墓葬M63相类似的毁墓大坑，也反映了北齐高氏对东魏元氏种族清洗的史实。同时，M001的发掘进一步明确了东魏皇族元氏茔域的布局和分布范围，为北朝墓群的科学研究和保护提供了重要参照。M001残存的壁画线条流畅、笔法自如；陶俑作品刻划精细、形神皆备，均体现了高超的技艺，是研究北朝时期历史文化艺术的珍贵资料。（徐海峰，《"北朝墓群M001"考古发掘完工报告》，2006年。）

M003

M003属于全国重点文物保护单位——磁县北朝墓群中一座带有编号的墓葬，位于磁县北朝墓群的南部，南水北调渠线从墓主体穿过，往南600米为M063，亦在南水北调渠线上。

M003在地表上尚残存少量封土，封土下有斜坡墓道、过洞、天井、甬道和墓室，全长约25.5米。墓葬坐北朝南，南侧斜坡墓道两壁陡直，墓道之北有土洞券顶式过洞，洞口立面上方绘有壁画，表现的是有人字拱结构的建筑，土过洞顶部作券顶形，底部与斜坡墓道衔接，坡度相同，过洞与甬道之间有一长方形竖穴天井，天井开口部形状不甚规则，有曾经坍塌的迹象，底部也为斜坡状，与过洞地面坡度一致。天井北端设立封门墙，由三重砖构成，封门墙北侧为甬道和墓室，甬道为券顶形土过洞结构，甬道入口上方的立面有残存

M003 鸟瞰全景

红彩，推测原有壁画，但因封门墙的挤压，内容已无法辨识，甬道北侧券顶与墓室顶部一同坍塌，底部为水平地面，甬道北端设立有封门墙，由三重砖构成。土洞墓室近方形，顶部坍塌，推测原为直壁穹隆顶结构，墓室大部分地面平铺青砖，四壁残存有壁画，墓室面积约22平方米，墓室地面距北朝地面深达9.2米。

土洞墓室塌落，原来地表上大部分封丘也随之坍塌进入墓室空间，推测由于地表标识不显著，这座墓葬躲过了破坏和盗掘。墓室东西4.5—4.7、南北4.3—5米，惜顶部塌落。墓室四壁残存有壁画，但由于墓室垮塌，壁画保存不佳，可以辨识的内容有青龙、墓主人及围屏坐榻等。通过发掘清理，在墓室中发现了完全朽坏的一棺一椁，棺椁位于墓室西侧，棺内有一具人骨，棺椁之东分布有随葬的陶俑、模型明器、陶瓷器、墓志等遗物。

墓室东侧的随葬品保存较好，共190余件，其中随葬的彩绘陶俑144件，种类包括镇墓兽、镇墓按盾武士俑、甲骑具装俑、仪仗侍卫骑马俑、仪仗侍卫立俑、家内侍仆俑等。陶俑原来均手持仪仗器具，有机质地器具已朽坏，但陶制的鼓、盾牌、弓囊、箭箙等仪仗仍保存完好。陶俑制作采用模制成型，局部雕塑修饰的手法，烧成之后通体彩绘。这批陶俑制作精细，人物的服饰、器具表现逼真，雕塑风格写实。其他类别的随葬品还有陶制牲畜家禽、陶模型明器、青铜明器、陶瓷器等。其中，陶瓷器、青铜器制作规整，具有较高技术水平。

概括而言，该墓随葬品的艺术风格、制作技法与北魏洛阳有着密切的联系，其中的骑马俑、仪仗卫士立俑等人物的特征，与北魏洛阳城永宁寺出土的雕塑人物颇为神似。M003建造于东魏从洛阳迁都到邺城的538年，据文献记载，由于东魏初年迁都邺城的官署作坊工匠大多来自洛阳。当时贵族、官吏墓葬的随葬品多出自官营手工作坊。M003墓主人的随葬品也不例外，这些由东魏官营手工作坊生产的陶俑，以其技法和风格，印证了北魏分裂为东魏、西魏过程中技术传承的史实。

墓室中原绘有壁画，由于墓室顶部塌落，现仅残存四壁部分壁画，壁画虽然残缺，但是内容格局基本明确。墓室东壁的南部绘有一青龙图案，西部对称位置画面塌落，从残迹来看绘有白虎图案，青龙和白虎之后，各绘一官吏形象，官吏的胸部以上部分塌落，其上身着红色褶服，下身穿束膝大口裤。墓室北壁绘制一幅三足坐榻，正中端坐者为墓主人的形象，墓主人身后有七扇屏风。南壁壁画分东、西两部分，位居墓室入口东西两侧，壁画保存不佳，从残迹观察，推测两侧各绘有一个人物。整个墓室东西北均绘制出有三柱结构的建筑，三柱之上有横梁，横梁之上有人字拱，人字拱之上应为屋顶。青龙白虎绘制在墓室中的格局，在北朝墓葬中并不多见，可以说，M003墓壁画是迄今罕见的王朝画迹。

M003 墓室壁画——青龙（东魏）

文吏俑（东魏）

侍仆俑（东魏）

仪仗俑（东魏）

镇墓兽（东魏）

仪仗俑（东魏）

仪仗俑（东魏）

墓室入口的封门墙之下，出土一合青石质墓志，墓志由正方形志盖和志石组成，边长约 0.71 米。志盖磨光素面，为盝顶形状，顶部正中有一铁环。志石表面磨光，镌刻遒劲魏碑体文字，全文设计 32 行，每行 32 字，除去文末空白行和空白字，全文总计 864 字。据墓志可知，M003 是葬于东魏天平四年（537 年）的皇族、徐州刺史元祜之墓。元祜乃北魏皇帝拓跋焘的重孙，死后埋葬在东魏皇族元氏的陵墓茔域内。

磁县北朝墓群东魏皇族元祜墓的发掘具有重要的学术意义。一、元祜墓出土的墓志，明确了磁县北朝墓群中东魏皇室陵墓的地域所在，这是认识元祜墓周边北朝墓葬性质的科学资料，也是进行磁县北朝墓群布局研究的一个突破，对全面科学地保护北朝墓群具有重要意义；二、元祜墓是磁县北朝墓群中仅见的未被盗掘的墓葬，该墓年代明确，其墓葬形制和出土遗物成为北朝墓群研究的标尺，具有极高的学术价值；三、元祜墓墓室壁画，雕塑作品技艺精湛，反映了东魏时期丧葬习俗和艺术特色，是研究北朝时期艺术风格之源流的宝贵资料。（朱岩石，《"北朝墓群 M003"考古发掘完工报告》，2006 年。）

M026

M026 属于全国重点文物保护单位——磁县北朝墓群中带有编号的墓葬之一。位于磁县

M026 鸟瞰图

墓室结构及随葬品位置

讲武城镇釜阳营村西北 300 米处的冈前平地上，为弧方形砖砌单室墓，坐北朝南，方向 185 度，平面呈"甲"字形。

墓葬由墓道、甬道、墓室三部分组成。南北总长 12.5 米，东西宽 3.5 米，墓底距现地表 4 米。墓道长 7.5 米，底部呈斜坡状，坡度 15 度，墓道壁较规整，底部抹有黄泥，较平滑。墓道北端接长 1.7 米的甬道，为直壁砖砌券顶结构。甬道前后共砌两堵封门墙。墓室平面略呈方形，四壁中部微向外鼓。墓室南北长 3.3 米，东西宽 3.3 米，面积 10.89 平方米，四壁在高 2.1 米时开始向内斗合叠涩，聚成四角攒尖顶。墓顶现已坍塌，现存墓室内高 3 米，复原室内高度为 4.3 米，高出原地表 1 米许。

此墓曾遭多次盗掘，墓道和墓室附近都有盗洞，棺椁葬具已遭多次破坏或残朽，部分遗物位置多有扰乱，但另外一部分仍然保持原貌。

现存随葬遗物，基本都放置于甬道和墓室。在甬道北端两侧放置镇墓兽和镇墓武士俑，在砖砌棺上分布有生活用具的青瓷罐、盘口壶，另有孕妇俑、侍女俑等。东南部分布陶武士俑、文吏俑、女侍俑、鼓乐俑、仪卫俑以及陶牛、驮马、骆驼、猪、鸡、狗等牲畜明器，

墓室东南部随葬陶俑（北齐）

陶井、磨、灶等模型。共计 150 余件。

　　M026 未发现明确的纪年材料，但通过将陶俑、生活器皿等实物与河南安阳北齐范粹墓（575 年）、河北平山北齐崔昂墓（566 年）、河北黄骅北齐常文贵墓（571 年）所出土的陶俑等遗物进行比较，发现 M026 出土的披明光铠武士俑、文吏俑、仪仗俑、执盾俑与范粹墓极为相似，与崔昂墓也非常接近；驮马、鸡、猪等陶质动物等与常文贵墓出土物非常相似。据此推断，M026 的年代应当与范粹墓、崔昂墓、常文贵墓接近，应为北齐时期。M026 虽未发现明确的关于墓主人身份的材料，但从墓葬形制来看，M026 应该是北齐皇室贵族墓葬。（刘连强，《"北朝墓群 M026"考古发掘完工报告》，2006 年。）

M039

　　M039 属于全国重点文物保护单位——磁县北朝墓群中带有编号的墓葬之一。位于磁县讲武城镇刘庄村西。

　　M039 封土底缘平面呈长圆形，南北 41.5 米，东西 30 米，现存高度近 6 米。其建造方

侍女俑（北齐）

执盾俑（北齐）

风帽俑（北齐）

盘口壶（北齐）

侍女俑（北齐）

侍女俑（北齐）

文吏俑（北齐）

陶鸡（北齐）

陶牛（北齐）

法：由早到晚分 5 个堆积先后堆筑。墓室置于封土中部偏北，以出露墓室顶部为中心，先堆筑第 V 堆积对其包裹，呈圆锥形，土质为红褐色砂土与灰白色黏土；在第 V 堆积外围堆筑第 IV 堆积，呈覆钵形，同时墓道上堆筑此类堆积，为长条形，土质与第 V 堆积基本一致，夹杂小砾石，在其堆积表层皆为大块河卵石铺砌，推测第 IV 堆积应为防盗而设；后在封土外缘堆筑环形第 III 堆积，初步形成封土大致轮廓，层层叠夯，土质为黄褐色砂质黏土与浅灰褐色黏土；依封土外轮廓，由南向北逐次倾土堆筑第 II 堆积至封土北侧边缘，顶部略经夯打，土质为灰褐色砂质土与黄色砂质土。第 I 堆积位于第 II 堆积顶部，为层层夯筑收缩成顶层平台，土质为深灰褐色胶质土。

M039 封土以下部分由斜坡墓道、甬道、墓室三部分组成，墓葬坐北朝南，总长 25.7 米。斜坡式墓道长 15.8 米，方向 194°，入口处深 0.3 米，墓道与甬道衔接处深 5.8 米，南侧宽 2.5 米，北侧宽 2 米，内填土为红褐色砂土与灰白色黏土，夹杂小砾石，未夯打。甬道全长 3.6 米，高 3.4 米，宽 2.8 米，为直壁券顶砖筑结构，砖壁厚 0.36 米，券顶为两券两伏，两侧砖壁为两顺一丁砌筑；甬道南端券顶之上有砖砌门墙，高 2.4 米，宽 3.4 米，中部被盗洞破坏；甬道与墓道衔接处现存封砖墙一重，有封砖两层，厚 0.72 米，上部被盗洞破坏，现存高度 1.2 米；甬道底部为顺砖对缝铺砌，多处已缺失。墓室平面为弧方形，墓圹平面呈圆角长方形，下收缩成长方形，南北 7.6 米，东西 7.5 米；墓室南北 5.2 米，东西 5.6 米，面积约 30 平方米；墓室为四角攒尖式结构，从墓底距北朝地面 6 米，复原墓室高度为 7.4 米；墓室四壁高约 3.7 米，砖壁由两层砖砌成，砌筑方法为两顺一丁，厚 0.72 米。封土中部偏西有一直径 7 米的盗坑直达墓室内，对墓室西部、北部造成破坏，墓室内棺床、铺地砖荡然无存，葬具、葬式不详。

M039 现存彩绘壁画近 40 平方米，墓道两壁、甬道门墙及砖壁上涂抹厚 0.4—0.5 厘米白灰层，在其上绘制壁画。墓道两壁绘制手执仪仗人物基本对称，现各壁保存 13 人，人物最高者 1.4 米，最矮者 1.27 米；以西壁为例：前 4 人为第一组单元，在队伍前列，人物头戴平巾帻，上身着红色右衽褶服，下红色小口裤，脚穿黑色鞋，手执红色鼓吹；紧随其后 4 人为第二组单元，人物头戴平巾帻，上身着浅蓝色右衽褶服，下浅蓝色小口裤，脚穿红色

M039 封土（东北—西南）

M039 封土南北纵剖面（西至东）

鞋，手执一棍棒状物，棒端加囊套，尾部稍弯曲；随后 2 人为第三组单元，头戴软巾风帽，长条幅巾向下飘垂，身着红色对襟窄袖长袍，腰系带，带上装有缀饰，脚蹬黑色勒靴，手持黑色旗杆，上飘彩色三旌旗；其后 3 人漫漶不清，从仅存人物黑色勒靴及旌旗顶端仗矛，推测应与第三单元人物服饰、手执仪仗一致。甬道门墙及门券绘制云气纹、莲花纹、缠枝忍冬纹，外轮廓用墨线勾勒，内涂橘红色。甬道东西两壁残存莲花柱、侍卫图案，以东壁为例：靠近甬道南端绘制束莲火焰纹宝珠棱柱，通高 1.64 米，柱体下端为覆莲瓣纹柱础，棱柱 3 个棱面分别涂红色、黑色、橘红色，中部以束莲瓣纹衔接，柱体上端饰覆、仰莲瓣纹，上托火焰纹宝珠，在其后残存人物橘红色褶服袖口，下着白色大口裤，手执黑色长杆。墓室四壁下端仅存人物靴子图案，其内容不详。墓道北部盗洞内发现两件石门扇，青石质，高 1.7 米，宽 0.7 米，上阴线刻绘"青龙、白虎"图案。墓室南部发现一件石门额，青石质，半圆形，残长 1.3 米，高 0.7 米，中心刻绘兽面，下绘制"青龙、白虎、玄武"等图案。

墓葬遭受盗扰严重，只残存少量遗物，出土可复原标本 80 余件，出土物有陶盘、陶仓、青瓷罐、彩绘陶俑、步摇冠金饰片、拜占庭金币等。彩绘陶俑有按盾武士俑、甲骑具装俑、仪仗仪卫立俑、女仆俑等；陶俑制作采用模制成型，局部雕塑修饰，烧制后通体彩绘。这批陶俑制作精良，人物面目表情、服饰表现逼真，风格写实。

在墓室东南角发现墓志盖 1 件，青石质，边长 0.8 米，盝顶形，上篆书"大齐故修城

M039 墓道西壁画（东至西）（北齐）

M039 墓道西壁壁画人物肖像（北齐）

M039 墓道西壁壁画人物肖像（北齐）

M039 "大齐故修城王墓志铭"墓志盖（北齐）

M039 甬道西壁南侧束莲柱（北齐）

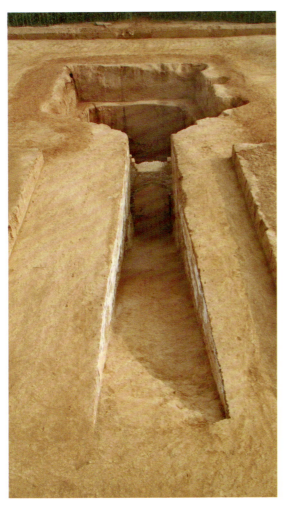

M039 墓道结构（北齐）

M039 女仆俑（北齐）

M039 出土拜占庭金币（北齐）

M039 鼓乐俑（北齐）

M039 武士俑首（北齐）

M039 风帽立俑（北齐）　　　　　　　　　　　　　　　M039 提盾步卒俑（北齐）

王墓志铭"9 个字，四角各残留铁环穿凿痕迹，四周刻绘"青龙、白虎、玄武、神兽"图案。《北齐书·卷十四》："阳州公永乐，神武从祖兄子也……永乐卒于州……谥号'武昭'，无子，从兄思宗以第二子孝绪为后，袭爵，天保初，改封修城郡王。"从而证实了 M039 墓主人为北齐皇族修城王高孝绪。北齐皇族高孝绪墓葬的发掘具有较高的学术价值。一、高孝绪墓出土墓志盖，是认识高孝绪墓周围北朝墓葬性质的科学依据，廓清了北齐皇宗陵域的大致范围，对磁县北朝墓群东魏、北齐陵墓兆域研究具有重要意义，为北朝墓群制定科学保护方案提供重要资料。二、墓葬壁画是此次考古发掘最重要的收获，墓道绘制人物仪仗出行图，人物绘制圆润饱满，线条流畅简练，是古代疏体绘画的真实体现，同时为研究北朝时期的仪卫等级制度提供了实物资料；甬道内绘制的束莲花柱，为近年来北朝墓葬中首次发现，此柱形制在邯郸峰峰南北响堂山石窟中所见，揭示了墓主人与佛教有着密切的关系。三、墓葬封土建造技法较为独特，为近年来考古发掘所少见，为北朝时期墓葬封土构建方法的研究提供了新材料。（张晓峥，《"北朝墓群 M039"考古发掘完工报告》，2009 年。）

M063

M063 属于全国重点文物保护单位——磁县北朝墓群中带有编号的墓葬之一。位于河北省磁县讲武城镇孟庄村西南约 1500 米处，在地表上还残存有北朝时期建造的封土，是北朝陵墓群南部一座现存较大封土的墓葬。M003 号墓（元祜墓）位于 M63 之北，两者相距约 600 米。

M063 的封土平面呈圆形，直径 30 米左右，残高 4 米余。墓葬坐北朝南，封土下有斜坡墓道、砖筑甬道和墓室，全长近 29 米。斜坡墓道长 21 米，砖筑甬道南北长 2 米，墓室

M063 地面封土结构

M063 仪仗俑（东魏）

M063 仪仗俑（东魏）

M063 墓室（东魏）

东西长 5.7、南北宽 5.2 米，呈弧边方形。甬道、墓室被严重破坏，墓室四壁壁面依稀可以观察到零星壁画残迹。在接近墓室底部的扰乱地层中，较集中地出土了陶俑碎块、陶俑头等随葬品。随葬品以彩绘陶俑为主，较完整的陶俑出土近 40 件，同时还出土了大量陶俑残片，其中的种类有：按盾武士俑、镇墓兽、仪仗侍卫骑马俑、仪仗侍卫立俑等。此外，还出土有墓志残块、步摇冠铜叶子、贴金云母饰片、少量珠饰等。这些遗物资料，是研究当时社会制度、生产技术难能可贵的资料。M063 出土陶俑等遗物的雕塑风格写实、技艺精湛，是研究南北朝时期艺术风格的珍贵资料。墓内虽没有发现有确切纪年的实物资料，但从地域来看，其与 M003 距离较近（相距 600 米），据此推断，M063 亦应为东魏皇室贵族墓葬。（朱岩石，《"北朝墓群 M063"考古发掘完工报告》，2005 年。）

M072

　　M072属于全国重点文物保护单位——磁县北朝墓群中带有编号的墓葬之一，俗称"双冢"。位于磁县讲武城镇孟庄村西南约500米，东北距磁县县治约10公里。现墓上封土无存。

　　M072墓葬结构为土洞式墓，由墓道、过洞、天井、甬道、墓室五部分组成。墓道为狭长斜坡式，墓道北接过洞，过洞直通狭窄天井，天井北接短甬道。墓室只余底部，顶部及墓壁大部塌毁无存，底部平面略呈方形，墓室总深度为9.5米，墓葬总长度为26米。

　　墓室内因多次被盗扰，葬具只保留有棺椁的板灰残迹。从现状观察葬具为一棺一椁。人骨发现有零星骨渣及牙齿，葬式不详。墓室内东部发现有陶俑，扰乱，因自然坍塌、散土淤积及人为扰乱，皆已移位，散置无序。在盗洞内也发现部分随葬品。

　　出土遗物有陶、瓷、铜、铁四大类遗物。陶器类以俑为主，俑的种类有持盾武士俑、负箭箙俑、文吏俑、侍从俑、侍卫俑、女官俑、女侍俑、击鼓俑及骆驼、牛等动物模型残件，另发现有泥质灰陶壶、泥质红陶碗残片等。瓷器发现有青瓷碗。铜器有小型构件，铁

M072 鸟瞰图

器有钩、钉类。

从 M072 出土的陶俑形态、刻划风格看，与已发现的东魏茹茹公主墓、尧赵氏墓等出土的陶俑特征相近，种类也较齐全，有文武侍从、伎乐等，同样反映了墓主人生前的骄奢生活。该墓虽未发现墓志，但其北去约 300 米发掘的 M003 出土有墓志，刻铭为东魏"天平四年"（537 年），其西北约 2.5 公里为魏孝静帝元善见西陵，俗称"天子冢"，编号 M035。因此初步推断 M072 属东魏时期。东魏孝静帝元善见"天平元年（534 年）迁都于邺，"随即在邺西修筑"西陵"，元氏皇族死后则在此兆域安葬。

M072 结构为土洞室，带天井，其封土也未经夯打，直接堆垒，在我省已往发现的北朝时期墓葬中所鲜见，丰富了此类墓葬的形制类型，为北朝时期葬制研究提供了新资料。出土的陶俑，塑造工艺精细，刻划细致入微，身着的衣服、甲胄等，都是研究东魏时期社会经济、历史文化的重要实物资料。对于北朝时期葬制研究及东魏时期社会经济、历史文化研究等都具有重要意义。（徐海峰，《"北朝墓群 M072"考古发掘完工报告》，2006 年。）

M072 墓道结构

M072 天井结构

M072 陶俑出土情况（东魏）

M072 出土负箭箙俑（东魏）

M072 出土陶俑（东魏）

M072 出土陶俑细部（东魏）

M072 出土陶俑细部（东魏）

M072 出土青瓷碗（东魏）

M072 出土铜壶（东魏）

槐树屯遗址及墓葬

槐树屯遗址及墓葬位于磁州镇槐树屯村西、西南、南侧，在渠线内的分布区域总长1740米。该段地形较复杂，地表沟壑纵横，南部为一大洼地，北部为岗坡地带。发掘遗址面积50平方米，窑址2处、墓葬49座。

槐树屯遗址共有四层文化堆积，其中以第④层龙山文化堆积最为重要，文化层厚约0.2米，土质较坚实。出土遗物以泥质灰陶片和红陶为主，篮纹、绳纹为主要纹饰，可辨器形有罐、瓮、盆、碗、甗、甑、杯等，时代为龙山时期。与槐树屯遗址相邻的同时期的文化遗存，南有磁县下潘汪、安阳后冈，北有邯郸涧沟、永年台口等重要的文化遗存。从出土遗物来看，其与邯郸涧沟、永年台口龙山时期文化遗存具有相同的文化特征，为研究龙山文化在漳河流域的分布与发展提供了新的资料。

在槐树屯遗址发掘的49座墓葬中，以三座西晋时期带有"天井"的墓葬最为重要。三座墓葬均开口于耕土层下，东西并列，形制相同，均为单墓道土洞砖室墓。墓向为坐北朝南，南有露天斜坡墓道，中有"过洞"和长方形"天井"，北有封堵的墓门及砖墓室，墓室砌筑于掏挖的土洞中。三座墓均遭受过盗掘，受到了一定程度的破坏。

三座墓葬不仅形制几乎完全相同，其随葬的器物从种类和形态看也极为接近。M16，墓葬总长21米，墓底距开口6.7米，由狭长形斜坡墓道、过洞、天井、甬道、墓室几部分组成。墓道宽1米，底部倾斜度较大，过洞、天井与墓道同宽，底部相对平缓，天井呈长方形，四壁垂直，长3米左右。甬道与墓室均为砖砌结构，是砌筑于事先按形状尺寸掏挖好的土洞中，这种建造方法极为少见，是土洞墓与砖室墓相结合的一种形式。墓室偏于墓道中轴线西侧，平面为弧边正方形，2.7米见方，高约3米。墓室底部铺设单层铺地砖，墓顶为层层叠收的"四面坡"形式。墓主为夫妇二人合葬，各有一具单棺，置于墓室西半部。在墓室东半部还砌筑有长1.4、宽0.66、高0.21米的砖台，砖台上发现有漆器残痕和铜镜残片，其他随葬陶器置于砖台东、南、北三侧。该墓虽经过盗扰，但墓室内仍出土文物40余件，以陶器为大宗，另有少量铜器、铁器、石器。陶器的种类较多，有罐、碗、盘、耳杯、酒樽、背壶等生活器具；奁、多子盒等化妆用具；马、牛车等出行工具；井、灶、厕等模型明器；女仆俑、御者陶俑等。加上铜钱、铜镜、铁刀、铁尺、石黛砚等等。

墓室内出现的砖台结构，应该是南北朝时期棺床的早期雏形。当然，此时期的砖台并非放置墓主棺木所用，通过一些迹象表明，应该是用来放置一些比较贵重的随葬品的，如漆器、铜器等。

晋墓在邯郸县、永年县、临漳县、武安市等地均有发现，都比较零散，墓葬形制可分为土洞墓、土穴墓、砖室墓，多为单室，部分带有耳室，逐渐改变了曹魏时期多室墓的做法，个别的装设有石门，随葬品以日常生活用具和明器为主。

"天井"结构是墓主人身份的象征，在以往的考古发现中，最早仅出现于徐州狮子山西汉楚王陵、陕西咸阳汉昭帝平陵内一座东汉墓葬中，十六国时期带"天井"墓葬偶尔见于河西地区，而太行山东麓是从南北朝时期才开始出现"天井"的，如北齐天统三年泾州刺史北尉少卿库狄业墓、北齐武平元年右丞相东安王娄叡墓、北齐武平二年太尉武安王太保尚书令徐显秀墓等。到隋唐时期比较盛行"天井"结构，而且常在一个墓中使用多个天井，以象征墓主生前宅院重重。槐树屯西晋墓"天井"结构的出现，从目前考古发掘资料来看，是国内早期带有"天井"的墓葬之一。另外槐树屯西晋墓设置砖台、在土洞内砌筑砖墓室等结构都非常有特点。这都应该是在社会大变革背景下墓葬形制转型的体现，起着承上启下的作用。这一发现填补了墓葬发展史上的空白，为研究古代墓葬形制在时间和空间上的发展演变过程提供了非常重要的资料。（乔登云，《"槐树屯遗址"考古发掘完工报告》，2006年。）

东武仕遗址及墓葬

东武仕遗址位于磁县磁州镇东武仕村西北 200 米处，地处太行山东麓低山丘陵地带，西南为岳城水库和滏阳河，北距东武仕水库 1000 米。南水北调干渠从遗址穿过。遗址现存面积 8000 余平方米，2007 年 3—9 月勘探发掘，发掘面积 3000 平方米。

遗址文化层共分四层：第①层为耕土层，第②层为垫土层，第③层为宋代文化层，第④层为战国晚期文化层。遗址内发现房址 2 座、窖穴 10 座、灰坑 50 个、壕沟 5 条、墓葬 16 座。房址为圆形半地穴式，有门道和柱洞；窖穴圆形规整，直壁，平底。墓葬均为土坑竖穴墓，呈斗形，个别有壁龛，葬式均为屈肢葬，有仰身和侧身两种。随葬品器物组合有鼎、豆、壶、盘、匜；豆、壶；鼎、豆、壶三种，个别墓葬随葬铜带钩和玛瑙环。遗址出土遗物以陶器为主，出土少量铜器、铁器、蚌器、石器。陶器以夹砂灰陶为主，其次为泥质灰陶。器类较为单纯，以鬲为主，豆次之，盆、罐较少。陶鬲体型较大，根据器形可分为两型，其一为罐形鬲，其二为盆形鬲。罐形鬲呈方唇，卷沿，束颈，小口，有肩，鼓腹，分裆，亦有连裆和弧裆罐形鬲，下施三个乳状足，器体上部绳纹较细，下部绳纹略粗。盆形鬲方唇，卷沿，有颈，大口，浅腹，连裆，下施三个柱状足，通体施绳纹，肩部施一周堆纹。陶豆浅盘、高柄。陶盆方圆唇，折沿下垂，大口，深腹，平底，腹施弦断绳纹。

从墓葬形制来看，发掘的墓葬形制均为斗形，葬式为仰身屈肢葬或侧身屈肢葬。墓葬的形制及出土的陶鼎耳和足的型式均具有秦文化的特征。遗址中的陶鬲在本地区为首次发现。在战国时期，陶鬲的使用已为少见，从已知的考古学文化中，只有秦文化和中山文化还在使用，但东武仕遗址出土的陶鬲与秦文化和中山文化存在着差异，经初步推断，是否属于以鬲为主要炊器的新的考古学文化遗存。该遗址秦墓的发现，为探索赵文化和秦文化的关系提供了重要线索。（任亚珊，《"磁县东武仕遗址"考古发掘完工报告》，2009年。）

遗址全景照片

房址（战国）

陶鼎（战国）

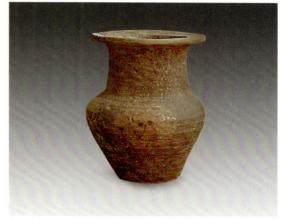

陶壶（战国）

陶鬲（战国）

白釉瓜棱罐（宋）

白釉罐（宋）

白釉罐（宋）

罐形鬲组合（战国）

罐形陶鬲（战国）

酱褐釉梅瓶（金）

酱红釉梅瓶（金）

盆形鬲组合（战国）

兽首琴式铜带钩（战国）

陶鼎（战国）

陶鼎（战国）

陶盖豆（战国）

陶鬲（战国）

陶鬲（战国）

陶鬲（战国）

陶鬲（战国）

圆壶（战国）

圆壶（战国）

邯郸林村墓地

邯郸林村墓群，位于邯郸故城的西北林村、户村、酒务楼一带，分布在渚河南支与输元河之间。墓群为战国至汉代古墓，北始户村东，南至霍北村南，东至酒务楼村西。在南北长达 8 公里、东西宽约 8 公里的范围内，可见夯筑的封土堆 15 座，无封土者尚有若干座。封土高 2—20 米，直径 20—70 米不等。因分布范围大，间杂多个不同时代的遗址和墓葬区，历次调查内容增多但名称相沿，林村墓群实际成为一个包含多处遗址和墓区的区域性遗存概念。2005—2008 年对林村墓群区域进行勘探发掘。总计勘探 780000 平方米、发掘 20125 平方米。共分为五个发掘区。

第一发掘区：西小屯村西遗址及墓葬，2006 年发掘 2700 平方米。清理灰坑 144 座，水井 14 眼，墓葬 15 座，灰沟 5 条。遗址初步定为春秋晚期—战国前期。8 座土坑墓和 4 座洞室墓为战国前期，3 座砖室墓为东汉时期。

第二发掘区：西小屯村西墓区，该区发掘 6990 平方米。分为 A、B、C 三个亚区，以兆域沟为界。各亚区发掘面积为：A 区：2005 年完成发掘 4510 平方米；B 区：2006 年发掘 1130 平方米；C 区：2006 年发掘 1050 平方米；兆域沟：2006 年解剖 300 平方米。发掘战国墓葬 50 座、战国车马坑 1 座、解剖战国兆域沟 9 条、战国水井 1 眼、汉代瓦棺葬 1 座、清代墓葬 2 座。

第三发掘区：霍北村东南墓区，2006 年发掘 4200 平方米。发掘墓葬 56 座，龟镇 1 座，清理沟渠 1 条，时代为清代。霍北村东墓区和霍北村东遗址有部分重合。

第四发掘区：分为四个亚区。其中 2007 年发掘霍北村东墓区和霍北村东遗址南部（第四发掘区 A、B、C 亚区）3580 平方米，清理十六国时期墓葬 1 座、隋墓 1 座、唐墓 1 座、金元时期墓葬 47 座、清代墓葬 76 座、灰坑 21 座、灶 1 座、龟镇 1 座。霍北村东遗址，2008 年发掘 1875 平方米，发掘灰坑 67 个、沟 3 条，遗址时代为夏商之际。

第五发掘区：户村村东墓区，2008 年发掘 780 平方米。发掘汉代墓葬 2 座，出土罐、勺、耳杯、樽、盖弓帽等铜、陶文物 6 件。

林村墓群战国墓葬可分大中小三型。均为土坑竖穴墓，大部分都有熟土二层台，少数墓葬设长方形或半圆形龛。个别墓葬底部发现有数条生土隔梁。墓内填土为夯土，大型墓葬有封土。葬式多为单人葬，以直肢葬为主，部分屈肢葬，方向不一。葬具为一棺一椁、一椁或一棺，皆为长方形。一些墓葬周围发现车马坑，平面形状分长方形、曲尺形和凸字形。随葬品可分陶、铜、铁、玉石、玛瑙、水晶、蚌、骨器等类。等级较高、墓室较大者，随葬品多置于棺椁之间的四周，墓室小者则随葬品较少，多置于人骨架的头端、脚下或身侧，有龛者则置于龛内。但比较贵重的小件器物，如水晶、玛瑙、玉石等器及兵器则多随墓主人置于棺内。随葬陶器多为鼎、豆、壶、盘、匜组合，有的还随葬碗等器物。随葬铜器多为瓿、尊、罐、鍪、提梁三足壶、双耳三足罐、枭尊、鸟柱盘与筒形器。较大的墓有青铜

第四·C 发掘区霍北村东墓区航片

西小屯村西墓区第二·C区墓葬排列情况

第四·D发掘区霍北村东遗址航片

戈、剑、镞，以及车马器和成套的玉石佩饰出土。

西小屯墓区（第一区、第二区）是继林村墓群百家村战国墓地之后，发掘的又一处重要的有地域特征的战国墓地。以第二区比较集中，分为 A、B、C 三个亚区，可分为大中小型墓葬。西小屯墓区大中型墓葬分布在第二·A 和第二·B 区，小型墓葬分布在第一区和第二·C 区。大型墓有两座：HXM3 为中字形木椁墓，HXM1016 为土坑竖穴式木椁墓。中型墓均为仰斗形土坑竖穴木椁墓，小型墓为土坑竖穴墓和竖穴墓道洞室墓。土坑竖穴木椁墓的形制和鼎豆壶盘匜的陶礼器组合是大中型墓葬的突出特点。HXM3 有保存相对完整的封土结构，而 HXM1016 亦残存封土层，另外在个别中型墓葬中亦残存有封土层，说明至少在战国中晚期，封土应是普遍现象。西小屯 HXM3 墓室东南侧发现 1 座曲尺形车马坑。第二区的围墓沟在河北战国时期墓葬发掘中还是首次发现。围墓沟将不同的亚区分割开来，较为少见，而所分割的墓区在级别上以及内部墓葬排列规则上均有不同。第二·A 区，形成了大中小三种不同级别的墓葬。在第二·B 区，有大小两个级别。而在第二·C 区，墓葬亦分为东西两排，但是这两排在级别上没有明显差别，每个墓葬在墓区内都处于相对平等的位置，随葬品均为生活用品，没有礼器，体现出单一性，且该区围墓沟除利用自然沟的部分和与第二·A 区共用的沟外，其西边沟很窄很浅，可能表明围墓沟还具有等级意义，从另一个侧面反映了当时的社会等级关系。

霍北村东遗址，地处太行山东麓低缓的丘陵和平原混合地带，渚河北支的南岸台地上。遗址时代较单一。遗迹主要为灰坑和灰沟，灰坑以圆形和不规则形为主，以大型不规形的灰坑最为常见。出土石、陶、骨等类器物。可辨器形有瓮、鬲、盆、罐、鼎、甗、豆、甑、器盖、陶拍、斧、铲、镰、镞、针、网梭等。灰坑中一般见有少量的动物骨骼和蚌壳。遗址时代推测为夏商之际。豫北冀南地区，是先商文化分布的重要区域，遗址分布密集，历来备受学术界关注。在邯郸境内可以确定含有先商文化遗存的遗址有近百处。说明当时商族在这一区域内分布密集、居住时间较长。很多学者都认为这一地区为先商文化（下七垣文化）漳河型分布区。霍北村东遗址便处在该区域内，此次发掘丰富了先商文化的器形种类，为我们探讨先商文化"漳河型"的发展过程以及与周边文化的相互影响提供了重要线索。

自公元前 386 年至公元 213 年，近 600 年中除秦汉先后设邯郸郡各约 20 年，其余时间邯郸均为历代赵王都城。其间战国时期作为七雄之一的赵国国都长达 158 年之久，是最负盛名的冶铁中心。西汉末，邯郸进而跻身除京师之外的全国五大都会之列，为"富冠海内"的北都。这座跨越了先秦和秦汉两大时期，发展延续了几百年之久的政治、经济、文化中心，一直为人类密集聚居区，故形成了以赵王城——赵王陵为中心的文物丰富区，遗址、墓群处处相连，几乎无间断之处，除全国重点文物保护单位赵王城、赵王陵外，林村墓群是其中最为重要的组成部分，它东距邯郸故城大北城约 3 千米，遥望东南，2 千米以外的赵王城城墙明晰可辨。在林村墓群所在的区域内，除记录在案的 49 座战汉时期大型封土墓葬，还有在全国具有很大影响的以龙山时代遗存为主的大型中心聚落——邯郸涧遗址和百家村战国贵族墓群，这里曾经出土成组的青铜礼器和精美的水晶、玛瑙玉石饰品。在配合南水北调对林村墓群的调查中新发现的除 4 处墓地外，还有西小屯春秋遗址、霍北先商遗址、霍北汉代遗址、户村汉代遗址等。通过此次配合南水北调的考古勘探和发掘，基本掌握了林村墓群在南水北调渠线内的墓葬和遗址分布情况，对林村墓群的内涵有了较为明晰的概念，对于赵国墓葬区相对于城址的地理位置有了新的认识。同时获得了一批价值很高的考古资料，首次揭示了邯郸地区赵国墓葬一个较为完整墓区的墓葬排列规律；春秋战国之际的遗址发掘为研究邯郸聚落群增添了重要资料；尤其是战国时代赵国墓地兆域沟、大型墓葬 HXM3 的特殊结构以及战国前期竖向土洞墓的发现，都填补了考古空白。（张春长，《"邯郸林村墓群"考古发掘完工报告》，2005—2007 年。）

M3 封土石块群

M3 西侧墓道夯层上的夯窝

西小屯村西墓区第二·A 发掘区 PM2 形制（战国）

西小屯村西墓区第二·A 发掘区兆域沟（战国）

M3 封土西北部结构

铜矛镦（战国）

漆卮箍件（战国）

漆卮箍件（战国）

铜豆（战国）

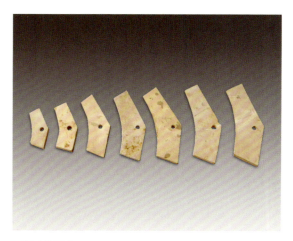

石磬（战国）

白瓷碗（宋）

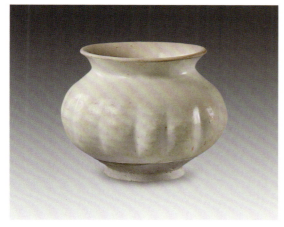

白瓷罐（宋）

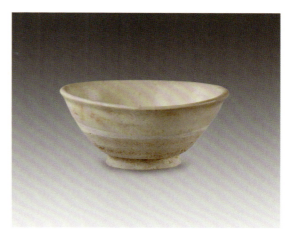

白瓷碗（宋）

白瓷罐（宋）

白瓷碗（宋）

大口尊（先商）

铜泡（战国）

铜矛（战国）

铜盘（战国）

陶鼎（战国）

连盖壶（战国）

器物组合（战国）

陶器组合（战国）

石斧（先商）

石钺（先商）

陶鼎（先商）

永年申氏家族墓地

  永年申氏家族墓地当地俗称为申家坟，位于永年县洺关镇大油村南。墓地处于山前丘陵地带，东、南、西三面为明山等太行山余脉。整个茔地占地面积约60亩。南水北调中线干渠从墓地穿过。共清理明清时期的墓葬191座，出土文物787件（套）。

  墓葬形制以土洞墓为主。依洞室位置和形状特点可分为纵向、横向和偏向三种类型，其中绝大多数为纵向型洞室。墓道皆为长方形竖井式，洞口一般用土坯、石块、砖、石板封闭以隔绝洞室，洞室平面形状多为不规则的长方形，洞顶大多坍塌殆尽。

  较大墓葬有两座砖室墓和一座灰石墓，均经前期迁墓扰乱，砖室墓的墓道已无存，墓主人为申化等祖孙三代。申化墓的墓室平面作方形，券顶，墓顶中部偏南有一个盗洞。墓室后墙正中有楷体朱书题壁——"有明处士申公讳化直隶广平府永年县人……"云云。申化墓东南侧的灰石墓为其子申佳胤墓，该墓为长方形单室，整个墓室内墙面裱糊一层3厘米厚的白灰面，东墙南部有墨书题壁，为"明太仆寺寺丞申公讳佳胤崇祯辛未科进士北直永年县人甲申殉国难元配勅封安人靳氏合葬"。墓道中的墓志盖上篆刻"明忠臣申公暨配靳安人合葬墓志铭"。此墓因采用白灰掺细石子的混合灰浆浇筑而成，非常坚实厚重，是这三座墓葬中唯一未遭到早期盗扰的墓葬。申佳胤墓西南侧为其子申涵光墓。墓门墙中开三个拱券门，砖砌墓室由三个并列的长方形单室组成，墓顶均为砖砌拱券。中室墓顶上发现两处盗洞，中室和西侧室的后墙也有因扰乱形成的孔洞。

  从墓地总体发掘情况来看，除个别墓葬为单葬外，余皆为夫妻同穴合葬。整个墓地墓葬排列紧凑有序，表现出明显的家族墓地特征。

申涵光墓（明）

申佳胤墓（明）

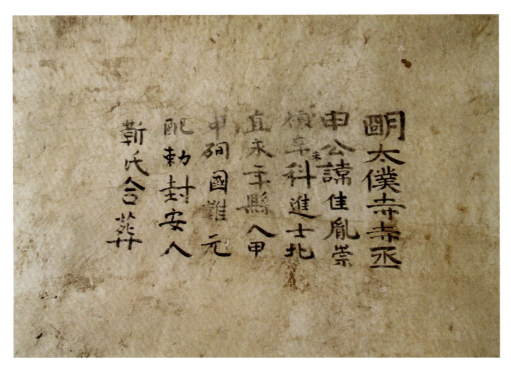

M188 壁文（明）

　　明代申氏一族出仕入宦的人很多，在当地是一方望族。申佳胤曾任吏部考工司员外郎和太仆寺丞，明末甲申之变中自尽以殉国难，以其忠为后人称道。申涵光是申佳胤长子，生处明清易代之际，一生潜心于诗书理学，不事于朝，是河朔诗派的领袖人物。而根据墓地出土或征集得到的其他墓志志文记载，其墓主人或为知县、推官、通判，或为按察司副使、翰林院检讨或乡贡进士，亦皆为一地的士绅官宦和名士。

　　申氏家族，在当地属于名门望族，申氏后裔在国内如香港、天津、广州、台湾，国外如新加坡、美国、加拿大等国家都有定居，海外申氏经常回到家乡寻根祭祖。在洺关镇大油村，清代后期所建申氏家族祠堂犹存，在祠堂内有申氏家族的家谱，供俸祖先的牌位，并经常举办祭祀活动。在申氏祠堂内，还保存申氏家族坟茔规划布局图，与规划图相比较，考古发掘发现的申氏家族墓地的排列布局与规划图规划布局十分吻合，因此，通过此次发掘，它清淅地反映了明、清时期家族墓地的埋葬习俗和埋葬制度，具有重要的学术价值。同时，墓中出土文物对明清时期相关器物的断代研究提供了重要依据。墓中发现的题壁以及出土的石碑和墓志铭，充实并拓展了明清时期申氏家族兴衰史的研究，也为明清时期历史文化研究提供了可资借鉴的资料。（乔登云，《"永年申氏家族墓地"考古发掘完工报告》，2010 年。）

南水北调重要考古发现综述

　　河北，简称"冀"。《禹贡》将天下划分为"九州"，"冀"为九州之首。冀州在黄河中下游东、西两河之间，历史上黄河下游穿过华北平原，从河北东部（天津南部）入海。冀州的范围包括今天的山西省，河北省的西部、北部以及河南省部分地区，占有华北平原大部。由于黄河多次泛滥，使得冀州沃野千里，宜于农桑，人类生存环境优越，这里成为历朝历代粮食主产区，同时，该地区还是北方民族南下入主中原的重要通道，因此，这里就成为历代兵家必争之地。从河北省各阶段历史发展来看，战国时期赵灭中山；秦灭燕之后统一六国；刘秀在河北建立东汉政权；曹魏、西晋的建立；十六国时期的后赵、冉魏、前秦、后燕、北魏以及东魏、北齐等北方民族政权；隋、唐统一；宋辽战争；金灭辽和北宋，统一北方；元灭金和南宋，统一全国等等战争，都曾出现在这片土地上。这里还不包括藩镇割据、农民起义、统治阶段内部战争（如西晋时期八王之乱、明代燕王朱棣扫北等）给这片土地带来的灾难。鉴于此，河北历史诸时期社会经济、文化的发展只存在于朝代更迭之后的几段相对稳定期。其中，战国、秦、两汉时期保持了较为持续发展的状态；唐朝经历了200余年的稳定发展期；北魏、北宋、金、元等时期都获得了120余年的稳定发展阶段。这在河北历年的考古发现上，尤其是贯穿于华北平原边缘地带的南水北调渠线考古，可以窥见河北历史文化发展的一斑。

　　河北省南水北调中线工程共计发现100处文物遗存，其时代涵盖河北省中南部从新石器时代中期开始，一直到清代各个时期。

一、新石器时代

　　新石器时代文化遗存共发现13处。其中，临城补要村遗址，沙河高店遗址，磁县白村、南城村遗址，永年邓底遗址的文化内涵属于后岗一期文化，结合以往的考古材料，说明在新石器时代中期，后冈一期文化是分布范围遍及整个冀中南地区的一支重要考古学文化。容城北城村遗址年代介于后冈一期文化和易县北福地文化之间，填补了易县北福地与后冈一期文化之间的空白[①]。容城北城村是目前雄安新区发现的较大型新石器时代中期遗址，它的发现，使得冀中地区新石器时代考古学文化序列得以建立。涞水大赤土遗址属于新石器时代晚期文化，其文化面貌与雪山一期、蔚县三关、阳原姜家梁、赤峰大南沟墓地文化面貌相近，涞水大赤土遗址考古发掘对于探索上述三个文化遗存之间的关系提供了重要资料，它的发现，使得冀中地区与燕山以北的考古学文化联系起来，为探索新石器时代晚期人类文化交流与融合，提供了重要资料。新石器时代末期龙山时期文化遗存只集中发现在冀南邯郸地区，其文化面貌与邯郸涧沟[②]遗址文化内涵相同。属于后冈二期文化因素。

二、夏商周时期

夏时期文化遗存集中发现是南水北调中线工程考古重要收获，共计新发现 15 处先商时期文化遗存，在整个南水北调渠线上都有分布。在以往的考古研究中，河北先商文化分为南北两个文化类型[③]：其一是下七垣文化漳河型，比较重要的遗址有邯郸涧沟、龟台，磁县下七垣、界段营、下潘旺，武安赵窑，邢台葛家庄等；其二是下七垣文化下岳各庄类型，比较重要遗址有容城下岳各庄、上坡、辛庄克、白龙、尧方头等遗址。这两大类型主要集中在冀南和保北两大区域。南水北调中线工程发现的先商文化遗存不仅填充了两者之间地域上的空白，更为先商文化深入研究提供了重要资料，尤其重要的是，唐县淑闲、北放水遗址，赞皇南马遗址，磁县南城先商文化遗址和墓地的发现，对于先商文化内涵的界定、先商文化来源、分布范围，先商文化分期，先商文化和周边同时期文化类型的关系研究提供了可能。据此，许伟先生根据晋中白燕四期早段高领鬲与唐县北放水先商文化高领鬲和鹤壁刘庄高领鬲的发展演变关系，提出了白燕四期早段高领鬲传播到冀中南和豫北地区后，最后派生出商式鬲发展演变过程[④]。

商代文化遗存发现 12 处，主要分布在邢台、邯郸地区。纯正的商代遗址只有邢台后

---

① 中央民族大学民族学与社会学学院、涿州市文物保管所：《北城村——冀中平原的新石器时代文化》，科学出版社，2014 年 1 月。

② 河北省文化局文物工作队：《河北邯郸涧沟村古遗址发掘简报》，《考古》1961 年第 4 期。

③ 沈勇：《保北地区夏时代的两种青铜文化之探讨》，《华夏考古》1991 年第 3 期。

④ 许伟：《先商文化商式鬲探源》，《纪念张忠培先生文集——学术卷》（故宫博物院编），故宫出版社，2018 年 5 月。

留村北遗址和补要村遗址第三期，为商晚期文化遗存，相当于殷墟二至四期。在石家庄和保北也发现有晚商时期文化遗存，相当于殷墟四期。说明邢台和邯郸地区是商文化重要的分布区，晚商时期向北影响到易水流域。易县七里庄第三期，属于南水北调工程发现的商时期新的文化因素，属地方土著文化因素，文化内涵以围坊三期为主，年代相当于商末周初[①]。它为探索商文化在保北地区与当地土著文化的关系以及西周燕文化因素构成，提供了重要线索。

西周时期文化遗存发现不多，发现5处。主要是一些灰坑、墓葬、窖穴等遗迹。其中，当以南放水遗址文化内涵最为丰富，文化内涵与其邻近的满城要庄遗址几近相同，年代相当于西周中、晚期。墓葬中主要包含西周和商两种文化属性，与关中典型的周文化有所区别，表明它受到西周文化的强烈影响，商文化因素应与本地商遗民有关[②]。

三、东周、战国、秦、汉时期

南水北调中线工程发现的东周、战国及汉代文化遗存占大宗，战国时期遗存占25处，两汉时期遗存占48处。两者均以墓葬居多（战国时期墓葬220多座，汉代墓葬840余座）。东周战国时期典型遗址集中在燕国辖境和中山国地域范围之内，两汉时期典型遗址则处于常山故城遗址周边地带。战国及两汉墓葬在冀中南南水北调中线渠线上均有分布，其中，正定吴兴墓地、唐县高昌墓群、内丘张夺南墓地、邯郸林村墓地为战国延续至两汉时期的大型平民墓地。在内丘张夺南墓地和磁县东武仕遗址发现秦代文化遗存，当属南水北调工程重要考古发现，填补了该阶段考古学文化研究的空白。该阶段考古主要收获体现在：一是春秋、战国时期几处燕文化遗存的发现，丰富了燕文化研究内涵。二是唐县高昌墓群、淑闾遗址以及元氏南白楼墓地发现战国中晚期中山国平民墓葬，充实了中山国考古学文化研究内容，为中山国从东周末战国早期—战国中期—战国晚期陶器分期提供了可能，为中山国历史研究提供了重要资料。三是唐县高昌墓群、正定吴兴墓地、内丘张夺南墓地、邯郸林村墓群，反映了从战国时期到两汉时期平民墓葬形制多样性及其原住居民生活的相对连续性。高昌墓群发现战国墓葬7座，两汉时期墓葬112座，其年代涵盖了战国中、晚期，西汉早、中、晚期，东汉早、中、晚期，随葬品组合方面，既有继承传统的特色，往往是

① 段宏振、任涛：《河北易县七里庄发现大量夏商时期文化遗存》，《中国文物报》2006年12月8日第2版。
② 南水北调中线干线管理局、河北省南水北调工程建设委员会办公室、河北省文物局：《唐县南放水夏、周时期遗存发掘报告》，文物出版社，2011年12月。

一套完整的器物组合，并且发展演变序列清晰。此外，一些墓葬有地域上的随意性特征，基本不随葬陶器，只简单随葬几件铜器，或无随葬品。从墓葬形制能够反映出从土坑墓到简单的底部铺砖，再到西汉晚期砖框无顶墓、砖框平顶墓，到东汉时期的券顶单室墓和券顶多室墓的发展演变过程[①]。四是内丘张夺南墓地[②]及其磁县东武仕遗址发现秦文化遗存，这是继秦皇岛秦行宫遗址之后，再次在冀南地区发现秦文化因素。磁县东武仕遗址战国时期墓葬形制均为斗形，葬式为仰身屈肢葬或侧身屈肢葬。墓葬的形制及出土的陶鼎耳和足的形式均具有秦文化的特征。从出土陶器上看，出土数量最多的盆形鬲是具有本地文化特征的器物，罐形鬲是受西部晋文化的影响，其他器物则是属于赵文化范畴。这些鬲的发现对研究秦文化和赵文化、晋文化相互之间的影响以及赵文化与晋文化相互之间的关系，提供了难得的实物资料，对于研究这支土著文化的源流和迁徙路线提出了新的课题[③]。五是在常山郡故城遗址边缘发现两汉时期 8 处遗址和 4 处平民墓地，为常山故城遗址的文化内涵研究和年代判定提供了重要资料[④]。

四、魏晋北朝时期

魏晋北朝时期，华北地区经历了十六国时期近 200 年的社会动荡，社会生产力遭到极大破坏，大量人口流离失所。直到 398 年，拓跋氏建立北魏政权之后百年间，华北地区居民才得以休养生息，生业得以发展。从河北省以往考古发现来看，十六国时期文化遗存发现极为少见，该时期考古学文化研究形成空白。难得的是，在南水北调中线工程渠线上，发现了几处十六国时期文化遗存。从墓葬发展演变来看，从西晋时期开始，墓葬结构发生变化，东汉时期砖券多室墓消失，出现了洞室墓（土洞墓或砖砌洞室墓）。主要有两种形制，其一由墓道、甬道、墓室三部分构成的洞室墓；其二由长斜坡墓道、过洞、甬道、天井和墓室五部分构成的洞室墓。有的墓室砌砖，有的只在洞室抹一层白灰，有的直接就是土洞墓。西晋时期以磁县槐树屯发现的 3 座墓葬具有代表性[⑤]。三座墓葬并列，形制相同，均为

---

① 南水北调中线干线工程建设管理局、河北省南水北调工程建设委员会办公室、河北省文物局：《唐县高昌墓地发掘报告》，文物出版社，2010 年 10 月。

② 南水北调中线干线工程建设管理局、河北省南水北调工程建设委员会办公室、河北省文物局：《内丘张夺发掘报告》，科学出版社，2011 年 7 月。

③ 任亚珊、王景勇：《河北磁县东武仕秦代遗址考古获新发现》，《中国文物报》2007 年 12 月 26 日。

④ 南水北调中线干线工程建设管理局、河北省南水北调工程建设委员会办公室、河北省文物局：《常山郡元氏故城南程墓地》，科学出版社，2014 年 12 月。

⑤ 邯郸市文物研究所：《华北地区首次发现有"天井"的西晋时期墓葬》，《邯郸文物简讯》2007 年第 57 期。

单墓道砖砌洞室墓，墓向坐北朝南，由狭长形斜坡墓道、过洞、天井、甬道、墓室几部分组成，墓室砌筑于掏挖的土洞中。砖砌洞室墓带"天井"的墓葬结构，在华北地区是首次发现，墓葬等级相对较高。随后，洞室墓在冀中南地区广为流行，内丘南中冯十六国时期墓地、赞皇北朝李氏家族墓、磁县东魏元祐墓以及元氏南白楼唐代李氏家族墓地均发现该种墓葬形制。赞皇县李氏家族墓地，共发掘9座墓葬，按照家族辈分排列有序。北朝时期，赵郡李氏为五大名门望族之一，该墓地的发现，对于研究赵氏家族墓葬排列方式及其赵郡家族世系提供了重要佐证材料。在磁县北朝墓群，发掘6座东魏北齐时期皇族墓葬，其中，包括东魏时期元祐墓和北齐时期高孝胥墓。这些遗存的发现对于探索东魏北齐时期皇家陵园的布局、埋藏习俗及其北朝时期历史研究提供了重要资料。

五、隋唐宋金元时期

隋朝存在时间较短，隋代文化遗存只确定几座平民墓葬。唐代相对稳定时间长达200多年，其他几个朝代，也存在120多年的相对稳定期。反映在考古发现上，这几个时期的文化遗存在冀中南南水北调工程渠线上都有分布，均以墓葬居多。唐代墓葬有方形单室墓、弧边方形单室墓、圆角方形砖室墓、梯形砖室墓等多种形制。元氏南白楼3座唐墓[1]为迁葬而来的李氏家族墓地，其中M3墓主人李无畏曾任唐建州建安县丞，墓葬随葬品较为丰富。宋代墓葬主要有砖砌圆形、六边形或八边形单室墓几种墓葬形制，墓室仿木结构较为普遍。宋代墓葬实行薄葬，随葬品较少。金代墓葬无论是墓葬形制、仿木结构还是随葬器物等方面都延续了宋代的风格，在一些墓葬年代判定上，宋金时期墓葬较难区分。元代早期墓葬延续了金代仿木结构特征，随葬器物也有清晰的发展演变规律。至元末，仿木结构砖室墓衰落，代之的是土坑竖穴墓或洞室墓。尽管金元时期的统治者都来自于北方民族，但生活在华北平原地域的原住民结构仍以汉人为主体，反映在居民的生活方式和埋葬习俗方面具有传承和延续性。

六、明、清时期

明朝初年，由于经历了元末红巾军农民起义和明初燕王朱棣扫北统治阶级内部斗争，

① 宋海超：《河北元氏南白楼墓地唐代墓葬发掘简报》，《考古》2018年第8期。

使河北、河南、山东等地的百姓惨遭战乱之苦，逃亡殆尽，田地荒芜。明成祖朱棣登基后，为尽快恢复生产，出旨迁民，强迫大量回、汉群众由江南一带向北，山西一带向东迁徙。因此，在明清时期，生活在河北中南部地区的居民大多都是迁徙而来。反映在南水北调工程渠线考古发现上，其时代特征非常明显。结合以往基本建设工程考古发现，在明清时期，平民墓葬群规模较大，绝大多数都是家族墓地，如南水北调工程发现清代治河大臣满城靳辅家族墓地和明清时期的永年申氏家族墓群。申氏家族墓群发现有200余座墓葬，从明中期一直延续到现代，墓地具有完整的规划和严格的埋葬制度，曾经在朝廷为官者，其墓葬为砖砌墓室结构，平民墓葬则多为长方形土坑竖穴木棺墓，随葬品极少。与金元时期墓葬相比较，反映了埋葬习俗发生了质的变化。

纵观河北历史，实际上是一部冀中南农耕文化与北方游牧文化冲突、融合的历史，正是经历无数次的文化冲突和碰撞，使得北方民族华夏化进程不断加快，最后形成现在统一的多民族国家政体。体现在河北考古学文化上，河北各历史阶段基本形成燕山长城以北北方民族文化和冀中南中原文化两大文化体系。在史前时期，由于族群种类的增多，从而使得河北考古学文化更具复杂多样性特征。河北省历年的考古发现，尤其是南水北调工程诸多考古学文化遗存的发现，为我们了解河北历史文化发展进程提供了一把钥匙。

后　记

　　南水北调是我国历史上最伟大的一项水利工程之一。由于南水北调中线工程从河北省太行山麓山前平原地带穿过，地下文物遗存埋藏十分丰富，因此，南水北调中线工程文物保护工作，引起国家文物局和河北省文物局领导高度重视。河北省文物局成立了河北省南水北调中线工程文物保护领导小组，下设办公室，本人兼任文物保护办公室常务副主任，具体负责南水北调工程文物保护工作实施与日常管理，组织专家对工程沿线文物勘探和考古发掘工作检查、验收，制定南水北调工程文物保护相关规章、制度等。聘请国家文物局专家组成了文物保护专家组；聘请山西省文物考古研究所为河北省南水北调中线工程考古工作监理单位。邀请国内23家、省内11家考古、文物保护机构参与南水北调中线工程考古工作。工程历时6年多时间，圆满完成了南水北调工程河北段田野发掘工作，率先实现京石段向北京供水任务。

　　考古发掘工作期间，考古工作者冒严寒、战酷暑，按合同要求完成田野发掘任务；专家们不辞辛苦，一丝不苟指导考古工作；监理单位操作规范、客观公正严把考古质量关，使得南水北调中线工程田野考古工作在科学化、规范化轨道上顺利实施。在此向各考古单位同仁、专家、监理单位的同事们，致以崇高的敬意和衷心的感谢！河北省南水北调文物保护办公室的工作得到了省文物局领导、文物保护处、办公室以及规划财务处同事们的大力支持，在此，一并表示感谢！南水北调工程文物保护办公室工作人员杨海勇、房琳、杨连莘、刘娜坚守工作岗位，勤勤恳恳，付出了辛苦劳动，在此表示谢意！

　　在南水北调中线工程（河北段）结束后，河北省南水北调工程建设委员会办公室与河北省文物局在河北省博物院联合举办了"河北省南水北调中线工程文物保护成果展"。展览引起新闻媒体和社会各界的广泛关注，按照临时展览3个月的计划，最后延期展览1年时间。《河北省南水北调工程重要考古发现》就是在此基础上编纂而成，感谢各考古项目单位为展览提供的图片和部分文字材料。各篇的学术观点大多为原发掘者的观点，本人只是进行了归纳梳理，做些系统阐述，其目的在于把南水北调中线工程考古发掘成果呈现在公众面前，让人们不仅认识到南水北调中线工程考古工作的重要性，而且，对于充分了解河北历史文化提供考古研究方面的参考资料。不妥之处，请大家批评指正。

在成书过程中，河北大学洪猛博士协助校对，徐光冀先生拨冗作序，在此，表示深深的感谢！！！感谢文物出版社李睿先生为编辑本书付出的辛苦劳动！

编　者

二〇二〇年二月

附 录

河北省南水北调工程考古发掘单位承担项目一览表

序号	项目名称	考古发掘单位	领队
1	涞水安阳遗址	中山大学人类学系	许永杰
2	涞水大赤土遗址	河北省文物研究所、河北省文物保护中心	任亚珊
3	涞水大赤土遗址	内蒙古自治区文物考古研究所、中国国家博物馆	杨林
4	涞水西水北遗址	西北大学文博学院	冉万里
5	满城荆山墓地	河北省文物研究所	刘连强
6	满城尉公遗址	河北省文物研究所	徐海峰
7	曲阳北平乐墓地	内蒙古自治区文物考古研究所	曹建恩
8	容城北城村遗址	内蒙古自治区文物考古研究所	肖小勇
9	容城北张遗址	河北省文物研究所、邯郸市文物研究所	乔登云
10	容城沙河村遗址	河北省文物研究所、山西大学	郎保利
11	容城薛庄遗址	河北省文物研究所、河北省文物保护中心	任亚珊
12	顺平常大遗址	河北省文物研究所、河北省文物保护中心	任亚珊
13	顺平兔坡墓群	山东大学东方教研中心	栾丰实
14	唐县北放水遗址	河北省文物研究所	徐海峰
15	唐县都亭遗址	河北省文物研究所	孟繁峰
16	唐县高昌墓群	河北省文物研究所	王会民
17	唐县南放水遗址	吉林大学考古系	朱永刚
18	唐县南固城遗址	宁夏回族自治区文物考古研究所	朱存世
19	唐县淑闾遗址	河北省文物研究所	刘连强
20	徐水北北里墓地	河北省文物研究所、益阳市博物馆	盛定国
21	徐水东黑山遗址	河北省文物研究所	贾金标

序号	项目名称	考古发掘单位	领队
22	徐水釜山墓地	北京市文物研究所	张治强
23	徐水南孙各庄遗址	中国国家博物馆	陈斌
24	徐水燕长城	河北省文物研究所	雷建红
25	徐水西黑山墓地	中国社会科学院考古研究所	董新林
26	易县南留召墓地	北京市文物研究所	张治强
27	易县南北林墓地	北京市文物研究所	袁进京
28	易县七里庄遗址	河北省文物研究所	段宏振
29	易县燕长城	河北省文物研究所	雷建红
30	易县中高村遗址	河北省文物研究所、沧州市文物管理处	王光尧
31	磁县北朝墓群北段（东武仕遗址、南来村宋墓）	河北省文物研究所、河北省文物保护中心	任亚珊
32	磁县北朝墓群中段（釜阳营、槐树屯、东窑头、湾漳营）	河北省文物研究所、邯郸市文物保护研究所	乔登云
33	磁县北朝墓群 M003、M063	中国社会科学院考古研究所	朱岩石
34	磁县北朝墓群 M001、M072	河北省文物研究所	徐海峰
35	磁县北朝墓群 M026	河北省文物研究所	刘连强
36	磁县北朝墓群 M39、M86、M100、M107	河北省文物研究所	张晓峥
37	磁县南营村遗址及墓葬	河北省文物研究所	高建强
38	邯郸林村墓群	河北省文物研究所	张春长
39	石家庄杜北墓地	河北省文物研究所、唐山市文物研究所	翟良富
40	新乐北李家庄遗址（安庄墓地）	中山大学人类学系、石家庄市文物研究所	郑君雷
41	新乐何家庄遗址	中山大学人类学系	许永杰
42	新乐良庄遗址（北大岳墓地）	中山大学人类学系、石家庄市文物研究所	郑君雷
43	新乐内营遗址	广东省文物考古研究所	卜工
44	新乐西名遗址	中山大学人类学系、宜昌博物馆	刘继东
45	正定吴兴墓地	辽宁省文物考古研究所、朝阳博物馆	田立坤
46	正定窑上遗址（吴兴遗址）	辽宁省文物考古研究所、沈阳市文物考古所	陈山
47	正定野头墓地	辽宁省文物考古研究所	万雄飞
48	正定永安遗址	吉林省文物考古研究所	傅佳欣

续表

序号	项目名称	考古发掘单位	领队
49	邯郸县薛庄遗址	吉林大学考古系	王立新
50	临城县补要村遗址	北京大学文博学院	赵辉
51	邢台市后留村北遗址	中国社会科学院考古研究所	朱延平
52	邢台市贾村墓地	河北省文物研究所、河北省文物保护中心	任亚珊
53	永年邓底遗址	河北省文物研究所	赵占护
54	永年县何庄遗址	河北省文物研究所	雷建红
55	邯郸郑家岗遗址	河北省文物研究所	段宏振
56	磁县南城村遗址	河北省文物研究所	王会民
57	赞皇县孙庄遗址（南段）	中科院研究生院	宋国定
58	元氏县赵同遗址（南段）	中科院研究生院	宋国定
59	赵县龙正遗址（南段）	山西省文物考古研究所、上海大学	张童心
60	陈郭庄东南遗址	北京市文物研究所	郭京宁
61	元氏西于科遗址（南段）	辽宁省文物考古研究所	田立坤
62	元氏赵村遗址（南段）	河北省文物研究所	徐海峰
63	元氏殷村遗址（南段）	沈阳市文物考古研究所	赵晓刚
64	元氏南吴会遗址（南段）	山西大学	李君
65	元氏北吴会遗址（南段）	重庆市文物考古研究所	白九江
66	赞皇南马墓地（南段）	河北省文物研究所、益阳市博物馆	盛定国
67	赞皇西高墓地南区（南段）	中国社会科学院考古研究所	朱岩石
68	赞皇西高墓地北区（南段）	北京大学	韦正
69	元氏南白楼墓地（南段）	武汉大学历史考古系	余西云
70	元氏井下墓地（南段）	重庆市文物考古研究所	刘继东
71	元氏殷村墓地（南段）	宁夏自治区文物考古研究所	朱存世
72	元氏南吴会墓地（南段）	山西大学	李君
73	元氏赤良墓地（南段）	辽宁省文物考古研究所	田立坤
74	鹿泉西龙贵西南墓地（南段）	上海大学	罗二虎
75	鹿泉西龙贵西南墓地	辽宁省大连市文物考古研究所	张志诚
76	邢台后留村西遗址（南段）	河北省文物研究所、邢台市文物管理处	李恩玮

序号	项目名称	考古发掘单位	领队
77	内丘张夺 1 号遗址（南段）	内蒙古文物考古研究所	塔拉
78	内丘张夺 2 号遗址（南段）	河北省文物研究所、邢台市文物管理处	李恩玮
79	临城解村东遗址（南段）	吉林大学	赵宾福
80	临城张家台遗址	中山大学	郑君雷
81	临城方等遗址（南段）	中国人民大学	魏坚
82	内丘塔坟墓地（南段）	河北省文物研究所、邢台市文物管理处	李恩玮
83	内丘马尚德墓地（南段）	河北省文物研究所、邢台市文物管理处	李恩玮
84	内丘凤凰墓地（南段）	河北省文物研究所、河北省文物保护中心	任亚珊
85	内丘南中冯村墓地（南段）	河北省文物研究所	王会民
86	临城解村南墓地（南段）	河北省文物研究所、河北省文物保护中心	任亚珊
87	磁县白村遗址（南段）	河北省文物研究所	张晓峥
88	磁县圣泉寺遗址（南段）	河北省文物研究所、邯郸市文物保护研究所	乔登云
89	永年台口遗址（南段）	河北省文物研究所、邯郸市文物保护研究所	乔登云
90	涿州西疃遗址（新发现）	河北省文物研究所	高建强
91	满城东榆河墓地（新发现）	河北省文物研究所、保定市文物管理所	李文龙
92	徐水广门村墓地（新发现）	河北省文物研究所	贾金标
93	内丘张夺南墓地（新发现）	河北省文物研究所、邢台市文物管理处	李恩玮
94	沙河高店遗址（新发现）	河北省文物研究所、邢台市文物管理处	李恩玮
95	永年申氏家族墓地（新发现）	河北省文物研究所、邯郸市文物保护研究所	乔登云
96	唐县北放水墓地（新发现）	河北省文物研究所	刘连强
97	唐县李家庄墓地（新发现）	河北省文物研究所	孟繁峰
98	西邢家庄遗址	河北省文物研究所、石家庄市文物研究所	贾金标
99	元氏北程村遗址	河北省文物研究所	徐海峰
100	元氏故城村遗址	河北省文物研究所	雷建红
101	元氏南程墓地	河北省文物研究所	张春长
102	元氏小留墓地	河北省文物研究所	刘连强
103	临城补要村墓地	河北省文物研究所	韩立森
104	赞皇南马遗址	河北省文物研究所	徐海峰